The Arabian Nights

아라비안 나이트

아라비안 나이트

First edition: May 2010

TEL (02)2000-0515 | FAX (02)2271-0172
ISBN 978-89-17-23771-9

YBM Reading Library 는 ...

쉬운 영어로 문학 작품을 즐기면서 영어 실력을 크게 향상시킬 수 있도록 개발된 독해력 완성 프로젝트입니다. 전 세계 어린이와 청소년들에게 재미와 감동을 주는 세계의 명작을 이제 영어로 읽으세요. 원작에 보다 가까이 다가가는 재미와 명작의 깊이를 느낄 수 있을 거예요.

350 단어에서 1800 단어까지 6단계로 나누어져 있어 초·중·고 어느 수준에서나 자신이 좋아하는 스토리를 골라 읽을 수 있고, 눈에 쉽게 들어오는 기본 문장을 바탕으로 활용도가 높고 세련된 영어 표현을 구사하기 때문에 쉽게 읽으면서 영어의 맛을 느낄 수 있습니다. 상세한 해설과 흥미로운 학습 정보, 퀴즈 등이 곳곳에 숨어 있어 학습 효과를 더욱 높일 수 있습니다.

이야기의 분위기를 멋지게 재현해 주는 삽화를 보면서 재미있는 이야기를 읽고, 전문 성우들의 박진감 있는 연기로 스토리를 반복해서 듣다 보면 리스닝 실력까지 크게 향상됩니다.

세계의 명작을 읽는 재미와 영어 실력 완성의 기쁨을 마음껏 맛보고 싶다면, YBM Reading Library와 함께 지금 출발하세요!

YBM Reading Library

책을 읽기 전에 가볍게 워밍업을 한 다음, 재미있게 스토리를 읽고, 다 읽고 난 후 주요 구문과 리스닝까지 꼭꼭 다지는 3단계 리딩 전략! YBM Reading Library, 이렇게 활용 하세요.

Before the Story

People in the Story
스토리에 들어가기 전,
등장인물과 만나며 이야기의
분위기를 느껴 보세요~

In the Story

★ **스토리**
재미있는 스토리를 읽어요. 잘 모른다고
멈추지 마세요. 한 페이지, 또는 한 chapter를
끝까지 읽으면서 흐름을 파악하세요.

★★ **단어 및 구문 설명**
어려운 단어나 문장을 마주쳤을 때,
그 뜻이 알고 싶다면 여기를 보세요.
나중에 꼭 외우는 것은 기본이죠.

A few days later, the magician took Aladdin to the hills outside the city. They walked for a long time and Aladdin grew tired. [1]

"Let's rest, Uncle," said Aladdin.

"We'll stop soon," said the magician. "It's not far from here."

At last, they stopped in a narrow valley.

"Now, I'll make a fire," said the magician.

After making a fire, he threw powder on it and said some magic words. The earth suddenly shook and split open.

A flat stone door with a ring in it appeared before them.

★ ★ ★ ❼ 마법사가 하지 않은 것은?
a. making a fire
b. opening a door
c. saying magic words (정답은)

★ ★ □ rest 쉬다, 휴식하다
□ valley 계곡
□ make(build) a fire 불을 지피다
□ powder 가루, 분말
□ magic words 주문

□ split open 갈라지며 열리다
(split-split-split)
□ flat 평평한
□ ring 고리; 반지
□ appear 나타나다

1 **grow + 형용사** …해지다
They walked for a long time and Aladdin grew tired.
그들은 오랫동안 걸었고 알라딘은 피곤해졌다.

18 • The Arabian Nights

★ ★ ★ **돌발 퀴즈**
스토리를 잘 파악하고
있는지 궁금하면 돌발 퀴즈로
잠깐 확인해 보세요.

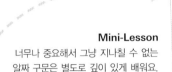

Mini-Lesson
너무나 중요해서 그냥 지나칠 수 없는
알짜 구문은 별도로 깊이 있게 배워요.

Check-up Time!
한 chapter를 다 읽은 후 어휘, 구문,
summary까지 확실하게 다져요.

Focus on Background
작품 뒤에 숨겨져 있는 흥미로운 이야기를
읽으세요. 상식까지 풍부해집니다.

After the Story

Reading X-File 이야기 속에 등장했던
주요 구문을 재미있는 설명과 함께 다시 한번~

Listening X-File 영어 발음과 리스닝 실력을 함께
다져 주는 중요한 발음법칙을 살펴봐요.

YBM Reading Library

이제 아름다운 이야기가
시작됩니다

Aladdin and the Magic Lamp

Ali Baba and the Forty Thieves

Richard Burton (1821 ~ 1890)

리차드 버튼은 …

탐험가이자 동양학자로 영국에서 출생하였다. 옥스퍼드 대학(Oxford University)을 중퇴하고 동인도회사에 입사한 후, 7년간 인도 봄베이(Bombay, India)에서 생활하면서 이슬람권 문화를 접하게 되었다.

왕립지리학회 회원이었던 그는 모험심이 강해 늘 새로운 것을 찾아 다니곤 했으며 탐험가로서 쌓은 깊고 폭넓은 지식을 바탕으로 중동 및 아프리카에 관한 70여종의 저서를 출판하여 기행문 작가로서도 명성을 드날렸다. 말년에는 페르난도 포(Fernando Po), 다마스커스(Damascus)의 영국 영사로도 활약한 리차드 버튼은 그 공로를 인정받아 1886년 기사 작위를 받았다. 또한 그는 아랍어와 힌디어를 비롯한 29개 국어를 자유롭게 구사한 언어의 천재로 여러 권의 책을 번역하였는데 그 중 영문으로 번역한 〈아라비안 나이트〉는 전 세계인의 관심을 끌었다.

〈아라비안 나이트〉의 원본을 적절히 의역하면서도 이슬람교도의 어휘와 풍습을 충분히 살리기 위해 노력한 버튼은 현존하는 최고의 〈아라비안 나이트〉 영역본의 저술가라는 평가를 받고 있다.

The Arabian Nights

아라비안 나이트는 …

흔히 〈천일야화〉라 불리는 설화집으로 180편의 긴 이야기와 100편의 짧은 이야기로 구성되어 있다. 6세기경 페르시아의 샤리야르 왕은 왕비에게 배신을 당하자 매일 새 신부를 맞이하고 그 다음날 죽였다. 세헤라자데라는 한 영리한 여인은 죄 없는 처녀들을 구하기 위해 왕과 결혼하고 첫날밤 왕에게 재미있는 이야기를 들려주기 시작했다. 왕은 이야기를 계속 듣고 싶은 마음에 세헤라자데를 죽이지 않았고 그녀의 이야기가 천 하루 동안 이어졌다고 해서 〈천일야화〉라는 이름이 붙여졌다.

이 책에는 〈아라비안 나이트〉 중 가장 많이 알려진 2편을 실었다. 〈알라딘과 요술램프〉에는 알라딘이 요술램프를 손에 넣으면서 공주와 결혼하게 되는 신비로운 이야기가 그려진다. 〈알리바바와 40인의 도둑〉에서는 가난하지만 심성 고운 알리바바가 도적들의 보물이 숨겨져 있는 동굴의 존재를 알게 되면서 40인의 도둑들을 물리치고 부자가 되는 이야기가 박진감 있게 펼쳐진다.

등장인물들의 모험심을 신비롭고 환상적인 이야기와 결부시켜 흥미롭게 풀어낸 고전 명작 〈아라비안 나이트〉는 지금도 전 세계인의 한결같은 사랑을 받고 있다.

a Beautiful Invitation
– YBM Reading Library

Aladdin and the Magic Lamp

Richard Burton

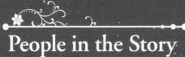

People in the Story

Magician
모로코에서 온 사악한 마법사.
요술램프를 손에 넣기 위해
알라딘을 속여 동굴로 보낸다.

Aladdin
엄마와 함께 사는 가난한 소년.
마법사의 거짓말에 속아 동굴에
갇히게 되지만 램프의 요정의
도움으로 부자가 된다.

Princess
알라딘이 보고 한눈에
반한 공주. 알라딘을 만나
그의 진실된 마음을
느끼고 결혼을 결심한다.

Aladdin's mother
홀로 열심히 일하며 아들을
키워온 알라딘의 엄마. 공주와
결혼하고 싶은 알라딘의 바람을
술탄에게 전한다.

Genie of the lamp
주인의 소원은 무엇이든
들어주는 램프의 요정.
알라딘이 공주와 결혼
하도록 도와준다.

Vizier
이슬람국의 대신. 자신의
아들을 공주와 결혼 시키
려고 교묘한 술책을 쓴다.

Sultan
이슬람국의 왕이자 공주의
아버지. 알라딘의 부를 확인
한 후 알라딘과 공주의 결혼을
허락한다.

CHAPTER 1

The Evil Magician

사악한 마법사

Many years ago, a boy called Aladdin lived with his mother in a city in Arabia.* They were very poor although Aladdin's mother worked hard all day.

아라비아는
현재 사우디아라비아,
쿠웨이트, 예멘 등의
나라가 있는 곳을
가리켜요.

One day, a stranger carefully watched Aladdin strolling about in the market. The stranger was a magician from Morocco. After some minutes, he went up to a merchant.

"Who is the boy next to the orange-seller?" he asked.

"Aladdin, son of Mustapha," was the reply.

- □ evil 사악한
- □ magician 마법사
- □ although 비록 …이지만
- □ stroll about 어슬렁거리다
- □ go up to …로 다가가다
- □ merchant 상인
- □ reply 대답; 대답하다
  (reply-replied-replied)
- □ look just like …와 꼭 닮다

---

1 **throw A's arm around B's neck** A의 (한 쪽) 팔을 B의 목에 두르다
He threw his arm around Aladdin's neck.
그는 자신의 한 쪽 팔을 알라딘의 목에 둘렀다.

"Yes," he thought. "That is the boy. The right name
and the right father."

The stranger went up to Aladdin.

"Are you Aladdin, son of Mustapha?" he asked.
"You look just like him."

"Yes," replied Aladdin, "but he died many years ago."

"Oh, no!" said the stranger.

He threw his arm around Aladdin's neck. [1]

"I'm your uncle," he said. "Go home and tell your
mother I'm going to visit
her tomorrow."

Aladdin ran home and told his mother about the man.

"That's odd," said his mother. "Your father had a brother but I thought he died."

The next day, the stranger came to their house, carrying wine and fruit.

"Don't be surprised, my sister," he said, smiling. "I was living in another country for forty years and could not say goodbye to my dead brother. But I can help my brother's wife and his son now, because I am a rich man."

The magician took Aladdin to
the market and bought him new
clothes and a very good dinner.
Then the magician promised to
give Aladdin a shop so that he
could earn a living. He was so ☀
helpful that Aladdin's mother
soon believed the magician
was her son's long-lost uncle. ¹

☐ odd 이상한
☐ earn a living 생계를 꾸리다
☐ helpful 도움이 되는
☐ long-lost 장기간 행방불명의

1 **so + 형용사(A) + that절(B)** 너무나 A해서 B하다
He was so helpful that Aladdin's mother soon believed the
magician was her son's long-lost uncle.
그가 너무나 많은 도움을 주어서 알라딘의 엄마는 곧 그 마법사가 장기간 행방불명되었던
아들의 큰 아버지라고 믿었다.

Mini-Less☀n

See p. 110

so that + 주어(A) + 동사(B): A가 B하도록
so that 다음에 「주어+can/may/will+동사원형」의 형태가 오면 목적을 나타내는
표현이 만들어져요. 뜻은 '…가 ~하도록, …가 ~하기 위해서'가 되지요.

• He promised to give Aladdin a shop so that he could earn a living.
  그는 알라딘이 생계를 꾸릴 수 있도록 가게를 마련해 주겠다고 약속했다.
• Study hard so that you may pass the exam. 시험에 통과하도록 열심히 공부해라.

A few days later, the magician took Aladdin to the hills outside the city. They walked for a long time and Aladdin grew tired. [1]

"Let's rest, Uncle," said Aladdin.

"We'll stop soon," said the magician. "It's not far from here."

At last, they stopped in a narrow valley.

"Now, I'll make a fire," said the magician.

After making a fire, he threw powder on it and said some magic words. The earth suddenly shook and split open.

A flat stone door with a ring in it appeared before them.

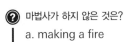

? 마법사가 하지 않은 것은?
a. making a fire
b. opening a door
c. saying magic words

□ rest 쉬다, 휴식하다
□ valley 계곡
□ make(build) a fire 불을 지피다
□ powder 가루, 분말
□ magic words 주문

□ split open 갈라지며 열리다
　(split-split-split)
□ flat 평평한
□ ring 고리; 반지
□ appear 나타나다

---

1 **grow + 형용사** …해지다
They walked for a long time and Aladdin grew tired.
그들은 오랫동안 걸었고 알라딘은 피곤해졌다.

Aladdin was terrified.

"Why did you do that, Uncle?" he said, trembling.

"Under this stone is a great treasure," said the [1] magician.

"A treasure!" said Aladdin. He forgot his fears.

"Yes," said the magician. "Now, put your hands on the ring and say your name and your father's name."

Aladdin did as he was told. The stone door opened [2] easily and many steep steps appeared. They led to a deep dark cave.

"Go down the steps," said the magician. "You will come to a door that opens into three halls. From then on touch nothing. Just walk along the middle hall until you find a lighted lamp on the wall. Bring the lamp to me!"

Then he took a ring from his finger and gave it to Aladdin.

"This will keep you safe," he said.

□ terrified 겁에 질린
□ tremble 벌벌 떨다
□ fear 두려움
□ steep 가파른

□ lead to …로 연결되다
　(lead-led-led)
□ from then on 그때부터 계속
□ lighted 반짝반짝 빛이 나는

1 장소를 나타내는 부사구(A)+be동사+주어(B) (도치) A에 B가 있다
Under this stone is a great treasure.
이 돌 아래에 엄청난 보물이 있다.

2 as+주어+be동사+told …가 들은 대로
Aladdin did as he was told.
알라딘은 그가 들은 대로 했다.

Aladdin went down the steps and found the three halls. He passed trees covered with jewels of many colors. But he remembered what his uncle had said and didn't touch anything. Then he found the lamp and hurried back to the mouth of the cave.

"Give me the lamp!" said the magician.

"No," said Aladdin. "First, let me out of this cave." [1]

"Give me the lamp now!" shouted the magician.

"No!" said Aladdin.

The magician flew into a terrible rage.

"Then you will stay in there forever!" he screamed.

He threw more powder on the fire and said the magic words again. The stone moved back into place, locking Aladdin in the cave!

The magician was not Aladdin's uncle. He was an evil magician who wanted the magic lamp and he had chosen Aladdin especially for this purpose. But when he failed to get the lamp, he returned to Africa.

- ☐ be covered with …로 뒤덮이다
- ☐ jewels 보석을 박은 장신구들
- ☐ mouth 입구
- ☐ fly into a rage 벌컥 화를 내다
  (fly-flew-flown)
- ☐ move back into place
  제자리로 돌아가다
- ☐ lock A in B A를 B에 가두다
- ☐ especially 특별히
- ☐ fail to + 동사원형 …하는 데 실패하다

1 **let A out of B** A를 B에서 나가게 하다
First, let me out of this cave. 먼저 저를 이 동굴에서 나가게 해 주세요.

Mini-Less☀n

「관계대명사＋be동사」의 생략
명사에 대한 긴 설명이 필요할 때 사용하는 관계대명사 뒤에 be동사+p.p./...ing가
오면 「관계대명사+be동사」는 생략할 수 있답니다.

- He passed trees (which were) covered with jewels of many colors.
  그는 형형색색의 보석들로 덮인 나무를 지나갔다.
- The boy (who is) entering the shop is Aladdin.
  저 가게 안으로 들어가고 있는 소년이 알라딘입니다.

Aladdin was left alone and afraid in the dark cave! He shouted out to the magician and banged on the stone door. But the magician had gone and no one heard his cries for help.

By the third day, Aladdin was sure he would die soon and he began to pray for God's help. As he rubbed his hands together, an enormous genie appeared.

"What do you want with me?" said the genie. "I am the genie of the ring. I will do whatever you ask." [1]

Aladdin was astonished and very afraid. At first, he couldn't speak but then he spoke with courage.

"Take me out of this place!" he cried.

Suddenly, Aladdin found himself outside the cave. He walked slowly home.

"I was so worried," said his mother. "Where were you?"

Aladdin explained what had happened and showed her the lamp.

"I'm very hungry, Mother," he said.

"I'm sorry, son. There's nothing to eat," said his mother. "And I have no money to buy food."

- □ be left alone 혼자만 덜렁 남다
- □ shout out to …에게 고함치다
- □ bang on …을 쾅쾅 두드리다
- □ one's cry for help
    도와달라는 …의 외침
- □ pray for God's help
    신의 은총을 빌다

- □ rub 문지르다
- □ enormous 거대한
- □ genie (아랍 신화에서) 요정
- □ astonished 깜짝 놀란
- □ at first 처음에는
- □ with courage 용기를 내어
- □ be worried 걱정하다

1 **whatever + 주어(A) + 동사(B)** A가 B하는 것은 무엇이든지
   I will do whatever you ask. 당신이 바라는 것은 무엇이든지 하겠습니다.

"Let's sell the lamp and buy food," said Aladdin.

"But it's so dirty," said his mother. "We will get a better price if it's clean."

She rubbed the lamp with a piece of cloth. Instantly, a huge genie appeared.

"What may I do for you, Master?" said the genie.

Aladdin's mother was so surprised that she couldn't move.

"Bring me something to eat!" said Aladdin.

The genie disappeared for a moment. Then he returned carrying some silver plates filled with rich food. The next day, Aladdin took the silver plates to the market and sold them for two pieces of gold. [1]

Every day after that, he rubbed the lamp and asked the genie to bring food. And every day he sold the silver plates. Soon Aladdin and his mother were rich.

❓ Why did Aladdin's mother rub the lamp?
  a. to call genie
  b. to make it clean
  c. to hang it on the wall   정답은 a

□ a piece of cloth 천 조각
□ instantly 즉시, 바로
□ disappear 사라지다
□ for a moment 잠시 동안

□ plate 접시
□ be filled with …로 가득 차다
□ rich (음식이) 기름진
□ ask A to B A에게 B하도록 주문하다

1 sell A for B B를 받고 A를 팔다
Aladdin sold the silver plates for two pieces of gold.
알라딘은 금화 두 닢을 받고 은 접시들을 팔았다.

Check-up Time!

● **WORDS**

빈칸에 알맞은 형용사를 보기에서 골라 써넣으세요.

| odd | enormous | terrified | steep |

1 I saw a horror movie alone. I was really _____.

2 This soup tastes _____. I can't eat it any more of it.

3 You should be careful when you climb up the mountain.
   It's very _____.

4 It takes a long time to look around the palace. It's _____.

● **STRUCTURE**

괄호 안의 두 단어 중 맞는 것에 동그라미 하세요.

1 The magician asked Aladdin (to go / going) into the cave.

2 He was (so / such) helpful that Aladdin's mother believed
   the magician was her son's long-lost uncle.

3 Aladdin passed the trees (covered / covering) with jewels of
   many colors.

4 Aladdin didn't give the magician the lamp so the magician
   grew (angry / angrily).

● COMPREHENSION

본문의 내용과 일치하면 T에, 일치하지 않으면 F에 ∨표 하세요.

		T	F
1	The magician bought Aladdin new clothes and a very good dinner.	☐	☐
2	Aladdin took many jewels from the tree in the cave.	☐	☐
3	Someone heard Aladdin shouting in the cave and helped him.	☐	☐
4	Aladdin rubbed the lamp and the genie brought golden plates.	☐	☐

● SUMMARY

빈칸에 맞는 말을 골라 이야기를 완성하세요.

Aladdin lived with (　　) and they were poor. A magician lied and said he was Aladdin's (　　). He made Aladdin go into the cave and find him a (　　). But the magician would not let Aladdin out of the cave because Aladdin didn't give him the lamp. Aladdin got out of the cave with the help of the genie of the (　　). He became rich by selling silver plates from the genie of the lamp.

a. ring　　b. his mother　　c. uncle　　d. magic lamp

ANSWERS

Comprehension 1. T　2. F　3. F　4. F
Summary : b, c, d, a

CHAPTER 2

Aladdin in Love

사랑에 빠진 알라딘

One day, Aladdin was going to the jewelry shop to sell the silver plates. Suddenly, he heard someone shouting.

술탄우 '이슬람국의 군주'를 가리켜요.

"The Sultan's daughter is coming! The princess is coming!"

The princess was going to the bathhouse and Aladdin wanted to see her up close. So he hid outside the bathhouse and looked through a hole in the wall. The princess lifted her veil as she entered [1] and Aladdin fell instantly in love.

"I want her for my wife," he thought.

He went home and told his mother.

"Mother, I'm in love. Please go to the Sultan and ask for the hand of the princess."

☐ jewelry 보석류, 장신구류
☐ bathhouse 목욕탕
☐ up close 가까이에서
☐ hide 숨다 (hide-hid-hidden)
☐ look through …을 통하여 보다
☐ lift 들어 올리다

☐ veil 베일, 면사포
☐ fall in love 사랑에 빠지다
　 (fall-fell-fallen)
☐ ask for the hand of …에게 청혼하다
☐ joke 농담을 하다
☐ serious 진지한, 심각한

Then Aladdin called the genie and asked him to bring many jewels for the Sultan.

At first, Aladdin's mother thought he was joking. But then she saw that he was serious, so she went to the palace. She took the jewels with her. [2]

1 as + 주어(A) + 동사(B) A가 B하면서
The princess lifted her veil as she entered and Aladdin fell instantly in love.
공주는 들어가면서 그녀의 베일을 들어 올렸고 알라딘은 바로 사랑에 빠졌다.

2 take + 사물(A) + with + 사람(B) (B의 몸에) A를 가지고 가다(운반하다)
She took the jewels with her. 그녀는 보석들을 가지고 갔다.

Aladdin's mother waited outside the palace for six days to meet the Sultan. For the first few days, the Sultan ignored her but he started wondering who she was. On the seventh day, he called her into the palace.

"Woman," he said, "what do you want from me?"

"My son, Aladdin, loves the princess," she said. "He wants to marry her."

The Sultan laughed. Then Aladdin's mother showed him the sparkling jewels. They were the most wonderful jewels the Sultan had ever seen. He turned to the Vizier, his chief advisor.

"The man values my daughter highly," he said. "Should I agree to this marriage?"

The Vizier wanted the princess to marry his son. He thought quickly.

"Yes," he said, "but tell Aladdin to wait for three months."

The Vizier was certain his son could prepare a richer gift for the Sultan in that time.

"In three months, Aladdin may marry the [1] princess," said the Sultan.

- ☐ ignore 무시하다
- ☐ wonder 궁금해하다, 이상하게 여기다
- ☐ call A into B A를 B 안으로 불러들이다
- ☐ sparkling 반짝거리는, 빛나는
- ☐ turn to …쪽으로 몸을 돌리다
- ☐ Vizier 고관, (이슬람국의) 장관
- ☐ chief 최고의, 제 1위의
- ☐ advisor 조언자, 고문
- ☐ value 평가하다
- ☐ highly 높이, 고귀하게
- ☐ agree to + 명사 …에 동의하다
- ☐ in that time 그 시간 정도면

1 **in + 시간 단위** …후에, …이 지난 다음에
"In three months, Aladdin may marry the princess," said the Sultan. "석 달 후에, 알라딘은 공주와 결혼할 수 있을 것이다." 술탄이 말했다.

Aladdin waited patiently for the three months to pass. When two months had gone by, his mother went to the market. There was a big party and everyone was celebrating.

"Why is everyone so happy?" she asked a storekeeper.

"Haven't you heard?" said the man. "The princess is marrying the son of the Vizier tonight!"

Aladdin's mother ran home and told him the news. At first, Aladdin didn't know what to do. Then he took the lamp and rubbed it.

□ patiently 참을성 있게, 끈기 있게
go by (시간이) 지나다
□ celebrate 축하하다

storekeeper 가게 주인
what to do 무엇을 해야 할지

"What do you want, Master?"
said the genie.
"Bring the princess to me before the
wedding," said Aladdin.
"Yes, Master," said the genie.
Soon the genie brought the princess to Aladdin's
house.

Mini-Lesson

「to+동사원형」의 의미상의 주어는?

문장 전체의 주어와 「to+동사원형」의 의미상의 주어가 일치하지 않을 경우에는
「to+동사원형」 앞에 「for+명사(대명사)」를 쓴답니다.

- Aladdin waited patiently for the three months to pass.
  알라딘은 참을성 있게 삼 개월이 지나가기를 기다렸다.
- Everything is ready for you to be married today.
  네가 오늘 결혼할 수 있도록 모든 것이 준비되어 있다.

"Who are you?" asked the princess. She was afraid. Aladdin took her hand and looked into her eyes. "Don't be afraid," he answered. "My name is Aladdin. Your father promised you would be my wife. I love you more than anyone else will ever love you. Forgive me, but this is the only way I could tell you how I feel."

The next day, the genie took the princess back to the palace. She remembered Aladdin's eyes.

□ forgive 용서하다
□ obviously 명백하게

□ be up (시간이) 다 되다
□ impossible 불가능한

Mini-Less☼n

See p. 111

be동사＋to＋동사원형: …해야 하다

be동사 다음에 「to＋동사원형」을 쓰면 '…해야 하다'라는 표현이 만들어져요.

• What am I to do? 어떻게 해야 하지?(이를 어쩌면 좋지?)
• You are to finish the work by this afternoon. 너는 그 일을 오늘 오후까지 끝내야 한다.

"The Vizier's son does not look at me with love in his eyes," she thought. "He thinks only of my father's gold and jewels."

She went to her father and told him everything.

"I want to marry Aladdin," she said.

The Sultan was very surprised.

"What am I to do?" he said to his Vizier. "My daughter wants this man, Aladdin, for her husband. He is obviously very rich but I know nothing else about him."

"When three months is up, ask him to do something you know to be impossible," said the Vizier.

When three months had passed, Aladdin sent his mother to remind the Sultan of his promise. [1]

"I remember," said the Sultan. "But first, I want eighty new slaves and forty golden basins filled with jewels."

Aladdin's mother went home and told her son. Aladdin smiled and rubbed the lamp. This was too easy for the genie. Instantly, eighty slaves appeared carrying gold and jewels. Aladdin sent them to the palace with his mother. The Sultan was satisfied with Aladdin's gift. [2]

"Woman," said the Sultan. "Your son may marry my daughter."

Aladdin's mother ran to tell Aladdin the good news. Aladdin called the genie.

"I want fine clothes, a horse, and twenty slaves," he said, "and ten thousand gold coins."

Moments later, Aladdin rode toward the palace. His slaves walked beside him, throwing gold coins to the people in the streets.

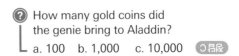

How many gold coins did the genie bring to Aladdin?
a. 100   b. 1,000   c. 10,000

□ slave 노예
□ golden 금으로 된
□ basin 수반, 대야

□ fine 훌륭한, (천이) 고운
□ ride toward …쪽으로 말을 타고 가다
   (ride-rode-ridden)

1 **remind A of B** A에게 B를 상기시키다
Aladdin sent his mother to remind the Sultan of his promise.
알라딘은 술탄에게 그가 한 약속을 상기시키기 위해 그의 엄마를 보냈다.

2 **be satisfied with** …에 만족하다
The Sultan was satisfied with Aladdin's gift.
술탄은 알라딘의 선물에 만족했다.

The Sultan greeted Aladdin warmly.

"Everything is ready for you to be married today," he said.

"We will marry tomorrow, Your Majesty," said Aladdin. "First, I must build a palace for the princess."

The next day, Aladdin's palace was finished. It was made of the finest marble, set with precious stones. There were fine clothes in the closets, beautiful white horses in the stables and many slaves. Needless to say, all of these were made [1] by the genie.

That night, Aladdin married the princess and they lived happily in the new palace.

1 **needless to say** 말할 필요도 없이

Needless to say, all of these were made by the genie.

말할 필요도 없이, 이 모든 것은 요정에 의해 만들어진 것이었다.

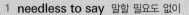

- □ greet 환영하다, 맞이하다
- □ warmly 따뜻하게
- □ be ready to+동사원형 …할 준비가 되다
- □ Your Majesty 폐하
- □ be made of …로 만들어지다

- □ marble 대리석
- □ be set with …이 박혀 있다
- □ precious stone 보석(용 원석)
- □ closet 옷장
- □ stable 마구간

# Check-up Time!

● **WORDS**

빈칸에 알맞은 단어를 고르세요.

1 Don't _____ my advice. It will be helpful to you.

    a. celebrate   b. ignore   c. value

2 You should wait your turn _____.

    a. patiently   b. highly   c. warmly

3 We cleaned the house. Then we went to _____ our guest.

    a. greet   b. rub   c. forgive

● **STRUCTURE**

괄호 안의 단어를 알맞게 배열해 문장을 다시 쓰세요.

1 Tom called his brother (he, as, entered).

    _____.

2 I'd like to (of, remind, you, our meeting on Wednesday).

    _____.

3 (needless, say, to), you should say sorry to her.

    _____.

● COMPREHENSION

다음은 누가 한 말일까요? 기호를 써넣으세요.

a.
Sultan

b.
Vizier

c.
Aladdin's mother

1 "Aladdin loves the princess. He wants to marry her." ____

2 "When three months is up, ask him to do something you know to be impossible." ____

3 "Everything is ready for you to be married." ____

● SUMMARY

빈칸에 맞는 말을 골라 이야기를 완성하세요.

One day, Aladdin saw a beautiful girl, the Sultan's (   ), in the market. He wanted to marry her, so he sent his mother to ask the Sultan to agree to a marriage. But the Sultan didn't want Aladdin for his daughter's (   ). And the Vizier wanted to marry the princess to his (   ). But finally, with the help of the (   ), Aladdin married the princess and they lived in a big palace.

a. genie   b. husband   c. daughter   d. son

New Lamps for Old

헌 램프 대신 새 램프

While Aladdin was living a happy life with the
princess, the magician in Africa was miserable.
He wanted to get the magic lamp and he thought
of nothing else.

One day, he heard that Aladdin was married to [1]
a princess.

"Aladdin has the lamp," he said. "Otherwise, he
could not have married a princess. But the lamp is
mine!"

He traveled for several days and nights to the city
in Arabia to get the lamp. Soon he saw a marvelous
palace.

☐ miserable 비참한
☐ think of nothing else
　　그 외 다른 것은 생각하지 않다
☐ otherwise 그렇지 않으면 (=if not)

☐ marvelous 훌륭한, 멋진
☐ become mad with rage
　　미친 듯이 화가 나다

1 **be married to** …와 결혼하다
　 One day, he heard that Aladdin was married to a princess.
　 어느 날, 그는 알라딘이 공주와 결혼했다는 소문을 들었다.

"Who lives there?" he asked a man in the street.

"It is Prince Aladdin's palace," said the man.

The magician knew that the genie of the lamp had made the palace. He became mad with rage.

"I must take the lamp from Aladdin! But how?" he thought.

The next day, the magician heard that Aladdin had gone hunting. He bought a dozen copper lamps and put them into a basket.

Then he went to the palace, calling, "New lamps for old!"

The people laughed loudly at him. The princess heard the noise and sent a servant to see what had caused it. The servant came back, laughing.

"An old fool is offering to give fine new lamps for old ones!" she said.

"He may have my husband's old lamp," said the princess. "It's in the corner. Take it and get me a new one."

The princess did not know it was the magic lamp.

As soon as the magician saw the old lamp in the servant's hands, he knew it was the magic lamp.

"Take any new lamp you want," he said, grabbing the lamp.

□ go hunting 사냥하러 가다
□ a dozen 한 다스의(12개의)
□ copper 구리로 만든
□ laugh at …을 비웃다
□ noise 소란, 시끄러운 소리
□ servant 하인, 종
□ offer to + 동사원형
　 …하겠다고 제안하다
□ as soon as …하자마자
□ grab 잡다, 움켜쥐다

☐ midnight 한밤중, 자정
☐ order 명령하다, 지시하다
☐ look out of one's window
　　…의 창밖을 내다보다

☐ through
　　(수단)…에 의하여
☐ arrest 붙잡다, 체포하다

The magician waited until midnight. Then he rubbed the lamp and the genie appeared.

"What do you want, Master?" said the genie.

"Take Aladdin's palace, the princess, and me to Africa," ordered the magician.

Instantly, the magician, the princess, and the palace were in Africa.

The next morning, the Sultan looked out of his window toward Aladdin's palace but it was gone!

"Where is Aladdin's palace? And where is my daughter?" he shouted.

"Aladdin made that palace with magic!" said the Vizier. "And it has disappeared through magic. Aladdin is to blame for this." [1]

The Sultan sent thirty men to arrest Aladdin.

"Bring him to me in chains!" he ordered. [2]

---

1 **A+be동사+to blame for B** A가 B에 대한 책임이 있다
Aladdin is to blame for this. 알라딘이 이에 대한 책임이 있습니다.

2 **in chains** 사슬에 묶인
"Bring him to me in chains!" he ordered.
"그 놈을 사슬에 묶어 나에게 데려오너라!" 그가 명령했다.

Aladdin was dragged to the Sultan with both
hands tied behind his back. [1]

"What is my crime, Your Majesty?" asked Aladdin.

"Look!" shouted the Sultan.

He pointed toward the place where Aladdin's
palace once stood.

"Where is your palace? And where is my
daughter?" he cried. "Answer me!"

Aladdin was so shocked that he couldn't speak.

□ be dragged to ···로 끌려가다
□ behind one's back ···의 등 뒤로
□ crime 죄, 범죄

□ point toward ···쪽을 가리키다
□ demand 요구하다, 강요하다
□ take one's life 목숨을 빼앗다

"Find my daughter!" demanded the Sultan.
"Otherwise, you will die."

"Yes, Your Majesty," said Aladdin. "Give me forty
days to find her. If I fail, please take my life."

"I will," said the Sultan.

1 **with** + 목적어(A) + 과거분사(B) A가 B한 채로
Aladdin was dragged to the Sultan with both hands tied
behind his back. 알라딘은 손이 등 뒤에 묶인 채로 술탄에게 끌려갔다.

Mini-Less·**:**·n

장소를 나타내는 명사+**where**+주어+동사 : …가 ~하는 곳

• He pointed toward the place where Aladdin's palace once stood.
  그는 한 때 알라딘의 성이 서 있던 곳을 가리켰다.

Aladdin felt helpless without
the magic lamp. He wandered about
the streets and through the woods like
a madman. When thirty-seven days had passed,
he knelt to pray, sobbing loudly. As he rubbed his
hands together, the genie of the ring appeared
before him.

"What do you want, Master?" said the genie.

Aladdin was overjoyed to see the genie.

"Oh, I had completely forgotten about you.

Bring my palace and my wife to me," he said.

"I cannot," said the genie. "Only the genie of the lamp can bring back your palace and your wife."

"Then take me to my palace," said Aladdin.

In an instant, he was in Africa outside his palace under the window of the princess's room. He looked through the window. No one was in the room, except the princess.

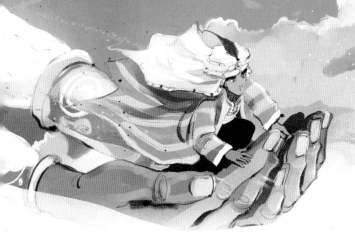

□ helpless 무력한, 속수무책인
□ wander about …을 헤매다,
 방황하다
□ madman 미친 사람
□ kneel 무릎 꿇다
 (kneel-knelt-knelt)

□ sob 흐느껴 울다
□ be overjoyed to + 동사원형
 …해서 매우 기쁘다
□ completely 완전히, 완벽하게
□ in an instant 눈 깜짝할 사이에, 즉시
□ except …을 제외하고

"My wife," cried Aladdin. "It is me!"

The princess looked out and saw Aladdin. She cried aloud with joy. Aladdin ran inside and took her in his arms and kissed her. [1]

"Now, tell me what happened to the old lamp," said Aladdin.

"I'm so sorry!" she said. "I exchanged it for a new one. And next day, I woke in this strange place."

"Aha!" cried Aladdin. "It's the magician! Where is the lamp now?"

"He carries it with him always," said the princess. "He wants to marry me but I have refused."

She began to cry.

"Don't worry. We will go home soon," said Aladdin.

He went into the town and bought a special powder. Then he returned to the palace.

"Invite the magician to supper," he said to the princess. "Agree to marry him and ask for some African wine. When he goes to get it, do exactly as I tell you."

---

1 **take A in B's arms** A를 B의 두 팔로 껴안다
Aladdin ran inside and took her in his arms and kissed her.
알라딘은 달려 들어가서 그녀를 두 팔로 껴안고 키스했다.

❓ The magician always
keeps the _____.

정답 magic lamp

□ cry aloud with joy
　기뻐서 큰 소리로 울다
□ exchange A for B A를 B로 바꾸다
□ carry A with B
　(B의 몸에) A를 지니고 다니다
□ refuse 거절하다

□ invite A to B A를 B에 초대하다
□ supper 저녁 식사
□ agree to + 동사원형
　…하는 것에 동의하다
□ ask for …을 달라고 청하다
□ exactly 정확하게

That evening, the princess did exactly what Aladdin had told her to do. When the magician went to get the wine, she put the powder into her tall gold cup. Soon the magician returned with the wine.

"I have made up my mind to marry you," said [1] the princess. "You are rich and powerful. Now, fill my cup and we'll drink from it to celebrate our marriage. You first, then me."

"Yes, my love. How clever you are!" said the magician.

He drank the wine and instantly fell down dead. Aladdin ran in and took the lamp from the dead magician. He rubbed the lamp and in an instant, the genie appeared.

"Take this palace and all in it back where it belongs," said Aladdin.

A moment later, the palace was in its usual place beside the Sultan's.

Aladdin and his wife lived peacefully for many years. After the Sultan died, Aladdin ruled the land in his place.

□ **powerful** 강한, 영향력이 있는
□ **fall down dead** 죽어서 쓰러지다
□ **usual** 평상시의

□ **peacefully** 평화롭게
□ **rule** 통치하다, 지배하다
□ **in one's place** …을 대신하여

1 **make up one's mind to + 동사원형** …하기로 결심하다(마음먹다)

I have made up my mind to marry you.
저는 당신과 결혼하기로 결심했어요.

Check-up Time!

● **WORDS**

단어와 단어의 뜻을 서로 연결하세요.

1 miserable ·   · a. lacking the power to do anything useful

2 grab ·   · b. very unhappy or uncomfortable

3 midnight ·   · c. to take hold of something forcefully

4 helpless ·   · d. the middle of the night or 12 o'clock at night

● **STRUCTURE**

빈칸에 알맞은 전치사를 보기에서 골라 써넣으세요.

about	for	at	with

1 My mother and I wandered _____ the streets in a strange city.

2 You must not laugh _____ other people's ideas.

3 Can I carry this bag _____ me on the plane?

4 Nobody is to blame _____ the mistake.

ANSWERS

Structure | 1. about 2. at 3. with 4. for
Words | 1. b 2. c 3. d 4. a

빈 칸에 알맞은 내용을 보기에서 찾아 문장을 완성하세요.

1 The magician heard Aladdin was married to a princess

_____

2 The Sultan was very angry with Aladdin _____

3 The magician went to get the wine _____

> a. and the princess put some special powder into her cup.
> b. and he went back to the city in Arabia.
> c. but he gave him forty days to find the princess.

● SUMMARY

빈칸에 맞는 말을 골라 이야기를 완성하세요.

> The (   ) came to the palace and called out, "New lamps
> for old!" The (   ) exchanged Aladdin's old lamp for a
> new one because she didn't know it was a magic lamp.
> That night, the magician rubbed the lamp and the (   )
> took the princess, the palace and him to Africa. However,
> (   ) found his wife and his palace with the help of the
> genie of the ring. He also got the lamp back. After that,
> Aladdin and the princess lived happily.

a. magician   b. genie   c. Aladdin   d. princess

ANSWERS

Sindbad 신밧드의 모험
the Sailor

Sindbad the Sailor contains the stories of Sindbad's seven voyages. Sindbad's first voyage begins after his father dies and leaves him a lot of money. Sindbad quickly spends every cent! He then borrows money from his friends and goes to sea, hoping to get rich.

He returns from his first voyage a wealthy man. But he soon becomes bored with his easy life, so he goes to sea again and again. On each voyage, something terrible happens.
Sometimes the ship is sunk and sometimes Sindbad is left alone on an island. He meets half-men, giants and phantoms who try to kill him or make him a slave. He also meets other men who are kind to him and help him. All Sindbad's voyages end happily, with him returning home a rich man and helping the poor. And each time, Sindbad vows never to set foot on a ship again … until the next time!

〈신밧드의 모험〉은 신밧드의 일곱 항해 이야기를 담고 있습니다. 신밧드의 첫 항해는 그의 아버지가 많은 유산을 남기고 세상을 떠나면서 시작됩니다. 신밧드는 그 재산을 다 써버리고 말죠! 그 후 신밧드는 친구들에게 돈을 빌리고 부자가 되야겠다는 생각으로 바다로 떠납니다. 그리고 첫 번째 항해에서 부자가 되어 돌아오지요. 하지만 곧 안락한 생활에 싫증을 느끼고, 계속해서 항해를 떠나게 되는데요. 매 항해마다 끔찍한 일들이 일어납니다.
배가 전복될 때도 있고 신밧드가 섬에 홀로 고립될 때도 있죠. 신밧드를 죽이거나 노예로 만들려고 하는 몸이 반만 사람인 괴물, 거인, 도깨비들을 만납니다. 또한 그에게 친절하고 도와주려고 하는 사람들도 만나죠. 그리하여 모든 신밧드의 항해는 그가 부자가 되어 불쌍한 사람들을 도와주는 것으로 행복하게 끝납니다. 그리고 그 때마다 신밧드는 다시는 배에 발도 올리지 않겠다고 맹세하는데요… 물론 다음 번 항해 때까지만이죠!

a Beautiful Invitation
– YBM Reading Library

Ali Baba and
the Forty Thieves

Richard Burton

People in the Story

Ali Baba
가난하지만 심성이 고운 나무꾼. 산에서 나무를 하다가 도적들의 보물이 쌓인 동굴의 존재를 알게 된다.

Ali Baba's wife
알리바바의 부인. 알리바바가 가져온 금화의 무게를 재기 위해 카심의 부인으로부터 저울을 빌려온다.

Morgiana
현명하고 충성스러운 카심의 하녀. 반짝이는 아이디어로 알리바바와 그의 가족들을 위험으로부터 구해낸다.

Captain
39인의 도적을 이끄는 두목. 알리바바의 정체를 알아내고 기름 장수로 변장하여 알리바바를 죽이려 한다.

Cassim
욕심 많은 알리바바의 형. 동굴로 보물을 가지러 가지만 도둑들에게 죽임을 당하고 만다.

Cassim's wife
카심의 부인. 알리바바의 부인에게 밀랍을 묻힌 저울을 빌려주어 저울을 빌려간 이유를 밝혀낸다.

CHAPTER 1

Open Sesame!

열려라 참깨!

A long time ago, two brothers lived with their father in Baghdad. The eldest son was named Cassim and the youngest, Ali Baba. Their father [1] was poor and the two brothers were left with [2] nothing when he died.

Soon Cassim married a wealthy woman but Ali Baba married a poor woman. He didn't have enough money to feed his family. So every day Ali Baba rode into the forest on his donkey. He cut wood to sell in the local market.

One day, when he was working in the forest, he heard the sound of horses coming his way.

"Perhaps it's the thieves everyone is talking about! I must hide!"

He hid his donkey in some bushes. Then
he climbed up a large tree and hid himself in
the branches.

□ the eldest son 장남, 맏아들
□ wealthy 부유한, 부자인
□ feed one's family …의 가족을
먹여 살리다

□ local 그 지역의
□ hide 숨다; 숨기다
(hide-hid-hidden)
□ bush 덤불, 관목 숲

1 **A be named B** A의 이름은 B다
The eldest son was named Cassim and the youngest, Ali Baba.
장남의 이름은 카심이었고, 차남의 이름은 알리바바였다.

2 **be left with** …을 물려받다
Their father was poor and the two brothers were left with
nothing when he died.
그들의 아버지는 가난해서 두 형제는 아버지가 돌아가셨을 때 아무것도 물려받지 못했다.

Very soon, a large group of evil looking men arrived on horseback. They were armed with long curved swords. Ali Baba counted thirty-nine men. Then a large black horse appeared. Its rider was dressed all in black. He looked more fierce and stronger than [1] the others.

"He must be their captain," thought Ali Baba.

He watched them tie their horses to the nearby bushes. Then they took some bags from their saddles.

"I wonder what's in them," he thought. "They look heavy."

Suddenly, the captain walked quickly toward Ali Baba's hiding place.

"Oh no, he's coming this way," he thought.

He stopped under Ali Baba's tree and looked around. Ali Baba was very frightened. He was too afraid to move or breathe in case the thief heard him. Then [2] the captain made his way to a large rock hidden in [3] the bushes. He looked around again and then he shouted in a loud fierce voice, "Open Sesame!"

☐ evil looking 인상이 나쁜
☐ on horseback 말을 타고
☐ be armed with …로 무장하다
☐ curved 구부러진, 곡선 모양의
☐ sword 검
☐ fierce 사나운

☐ captain 두목
☐ tie A to B A를 B에 묶다
☐ nearby 근처의
☐ saddle (말에 얹는) 안장
☐ be frightened 놀라다, 두려워하다
☐ breathe 숨쉬다, 호흡하다

1 **be dressed in** …을 입고 있다
Its rider was dressed all in black. 말에 탄 사람은 온통 검은색 옷을 입고 있었다.

2 **in case** …할까 봐, …할지 모르므로
He was too afraid to move or breathe in case the thief heard him.
그는 도둑이 자신의 소리를 들을까 봐 너무 두려워서 움직이거나 숨을 쉴 수도 없었다.

3 **make one's way to** …로 향하다
Then the captain made his way to a large rock hidden in the bushes. 그리고 나서 두목은 덤불 속에 가려져 있는 커다란 바위로 향했다.

To Ali Baba's amazement, a huge door opened in [1] the rock and a cave appeared. The forty thieves marched inside and the door closed behind them.

Ali Baba was scared. He thought the thieves might catch him if he climbed down the tree. So he waited and waited for them to come out of the cave. After a long time, the cave door opened and the thieves came out.

□ **march** 행진하다
□ **be scared** 겁을 먹다
□ **immediately** 곧, 즉시
□ **stretch** (팔, 다리 등을) 뻗다
□ **work** 작용하다, 효과가 있다

1 **to one's amazement** …가 놀랍게도
To Ali Baba's amazement, a huge door opened in the rock.
알리바바가 놀랍게도, 바위에서 거대한 문이 열렸다.

Mini-Lesson

조건문과 시제의 일치

He thought the thieves might catch him if he climbed down the tree.라는 문장은 He thought 다음에 온 조건문(the thieves may catch him if he climbs down the tree)의 현재형 동사가 시제 일치에 의해 과거형으로 바뀐 문장이랍니다.

• She thought she could go abroad if she finished the work.
그녀는 그 일을 끝내면 해외 여행을 갈 수 있을 것이라고 생각했다.

The captain shouted, "Close Sesame!"

The door closed immediately and the thieves rode away. Ali Baba waited until he was sure they had gone. Then he climbed down the tree and stretched his legs.

"I must see what's behind the door," thought Ali Baba. "Perhaps the magic words will work for me, too."

He walked up to the rock and shouted, "Open Sesame!"

The door opened and he tiptoed into the cave. He jumped with fright when the door shut behind him. He couldn't believe his eyes. Hundreds of precious stones, jewelry and gold and silver coins filled the cave. Huge bales of silk were stacked against the walls and valuable carpets lay on the floor.

"Wow," said Ali Baba. "I've never seen so much treasure before!"

"The thieves won't miss a few gold coins," he thought. "Then I can feed my family for months!"

He filled his bags with gold coins. Then he carried the bags out of the cave and tied them onto his donkey's back.

When Ali Baba had finished, he remembered to shout, "Close Sesame!" [1]

The door closed and Ali Baba went back home.

□ **tiptoe** 발끝으로 살금살금 가다
□ **with fright** 놀라서
□ **shut** (문, 창 등이) 닫히다, 잠기다
　(shut-shut-shut)
□ **bale** (천 따위의) 꾸러미
□ **be stacked against** …에 기대어 쌓여 있다

□ **valuable** 값비싼, 가치 있는
□ **lie** (물건이) 가로놓여 있다
　(lie-lay-lain)
□ **miss** (보통 부정·의문문에서)
　…이 없음을 깨닫다
□ **fill A with B** A를 B로 채우다

1 **remember + to 부정사** (미래) …할 것을 기억하다
When Ali Baba had finished, he remembered to shout, "Close Sesame!"
알리바바가 일을 마쳤을 때, 그는 "닫혀라 참깨!" 라고 외치는 것을 기억했다.

At home, Ali Baba showed the gold coins to his wife. When she looked in the bag, her eyes grew round with surprise. [1]

"Oh, gold coins! Where did you get so many gold coins?" she asked.

He explained to his wife what had happened. She was very excited and jumped up and down with joy. [2]

He put his finger to his lips and whispered,

"Now, don't tell anyone or the people in the town will think we are thieves."

"Okay," said his wife, "but how many gold coins do we have?"

"I don't know," answered Ali Baba. "It will take too much time to count them. We should weigh them but we don't have any scales."

"Cassim has a set of scales," said his wife. "I will go and borrow them."

 Why did Ali Baba and his wife need scales?
a. To keep a secret
b. To weigh gold coins
c. To go to Cassim's house

□ look in (안을) 들여다보다
□ explain to …에게 설명하다
□ whisper 속삭이다
□ weigh …의 무게를 달다
□ a set of scales 저울 한 대

1 **one's eyes grow round** …의 눈이 휘둥그레지다
Her eyes grew round with surprise.
부인은 깜짝 놀라서 눈이 휘둥그레졌다.

2 **jump up and down with joy** 기뻐서 펄쩍펄쩍 뛰다
She was very excited and jumped up and down with joy.
부인은 몹시 흥분했고 기뻐서 펄쩍펄쩍 뛰었다.

Ali Baba's wife ran to Cassim's house.

"May I borrow your scales?" she asked Cassim's wife.

"What do you want to weigh, dear sister?" said Cassim's wife.

"Some grain," lied Ali Baba's wife.

But Cassim's wife didn't believe her. She secretly stuck wax* inside the scales. ¹ 꿀벌이 벌집을 만들기 위하여 분비하는 끈적한 물질이랍니다.

After Ali Baba had weighed the gold coins, his wife returned the scales. But she didn't see the gold coin stuck inside them. Cassim's wife was furious when she found the coin. That evening, she showed it to her husband.

"You think you are rich, Cassim!" she said. "But Ali Baba is richer than you. He doesn't count his money, he weighs it!"

The news made Cassim angry. He was a greedy and selfish man.

"I must go and see my brother immediately," thought Cassim.

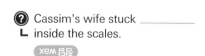

❓ Cassim's wife stuck _____
⌐ inside the scales.
xem 景及

1 **stick A inside B** A를 B 안쪽에 붙이다
She secretly stuck wax inside the scales.
그녀는 밀랍을 저울 안쪽에 몰래 붙였다.

- ☐ grain 곡식
- ☐ lie 거짓말하다 (lie-lied-lied)
- ☐ secretly 몰래, 비밀스럽게
- ☐ wax 밀랍, 밀(초)

- ☐ return 돌려 주다
- ☐ furious 노하여 펄펄 뛰는
- ☐ greedy 욕심 많은
- ☐ selfish 이기적인

So Cassim hurried to Ali Baba's house.

"Brother," he said, "you look poor but you have been weighing gold!"⁕

"What do you mean?" asked Ali Baba.

Cassim showed him the gold coin his wife had found.

"How many of these do you have?" he asked.

Ali Baba didn't want to tell him but he could not lie to his brother. Eventually, he told Cassim about the forty thieves and the cave he had seen in the forest.

"Where is the cave?" demanded Cassim. "Tell me or I will tell everyone you stole the gold!"

So Ali Baba told Cassim exactly where the cave was.
And he told him the magic words!

□ eventually 결국
□ demand 묻다, 말하라고 다그치다

□ steal 훔치다
(steal-stole-stolen)

Mini-Less☀n

현재완료진행: have been ...ing
See p. 112

과거부터 현재까지 계속 진행되고 있는 일이나 최근까지 했던 행동을 나타낼 때는
현재완료진행 시제를 사용한답니다. 「have(has) been ...ing」의 형태를 써서 말이죠.

• You look poor but you have been weighing gold.
  너는 가난해 보이는데도 금화를 저울로 달고 있었더구나.

• She has been waiting for you two hours. 그녀는 너를 두 시간 째 기다리고 있는 중이야.

Check-up Time!

● **WORDS**

빈칸에 알맞은 동사를 보기에서 골라 써넣으세요.

lied	lay	weighed	worked

1 The medicine _____ like magic. My headache just disappeared.

2 The woman _____ the meat in the scales.

3 Some gold coins_____ under the table.

4 I don't trust him anymore. He _____ to me many times.

● **STRUCTURE**

알맞은 형태의 단어를 골라 문장을 완성하세요.

1 I thought he could finish his work if you _____ him.
   a. help   b. helped   c. will help

2 Remember _____ your umbrella with you. It's raining outside.
   a. take   b. taking   c. to take

3 Jessica has been _____ the piano for an hour.
   a. play   b. playing   c. played

ANSWERS

다음 질문에 알맞은 답을 고르세요.

1 Why did Ali Baba cut wood in the forest?

    a. To make wood for the fire

    b. To make money to feed his family

2 Why did Ali Baba and his wife keep the secret about the gold coins?

    a. Because they didn't want the people in the town to think they were thieves.

    b. Because they were worried that the gold coins would be stolen.

● SUMMARY

빈칸에 맞는 말을 골라 이야기를 완성하세요.

There were two brothers in Baghdad. Cassim was rich but Ali Baba was poor. One day, Ali Baba saw forty thieves in the forest and found a cave full of (   ). Ali Baba brought many (   ) home. His wife borrowed the (   ) from Cassim's wife and she found a gold coin stuck to them. Cassim asked Ali Baba what had happened to him. So Ali Baba had to tell him about the cave and the (   ).

a. magic words   b. treasure

c. scales   d. gold coins

ANSWERS

Comprehension : 1. b   2. a   Summary : b, d, c, a

Cassim's Greed

카심의 욕심

Early the next morning, Cassim set out for the cave.
With him, he took ten donkeys carrying large empty
baskets. He soon found what he was looking for.

"Open Sesame!" he cried.

The door immediately opened and he went inside the cave. He was so fascinated with all the treasures that he forgot the time. It was getting late when he decided to go home.

"I will take plenty of this home to my wife," he said.

He filled up his baskets with jewelry, coins and bales of silk. But when he was ready to leave, he had forgotten the magic words.

"Open Barley!" he cried. "Open Wheat!"

But the door remained closed. He tried and tried but he could not remember the magic word, Sesame!

? Why did Cassim stay in the cave for a long time?
   a. Because he slept.
   b. Because he looked around the treasures.
   c. Because he looked for the door of the cave.

□ greed 욕심, 탐욕
□ set out for …을 향해 떠나다
□ be fascinated with
   …에 매혹되다, 빠지다
□ be getting+형용사 (점점) …해지다

□ plenty of 많은, 다량의
□ barley 보리
□ wheat 밀
□ remain+형용사
   여전히 …한 상태이다

Cassim was worried. He walked around the cave, scratching his head.

"Oh dear, what will I do if the thieves find me?" he thought.

Suddenly, he heard the sound of horses outside the cave. He wanted to hide but he was frozen to the spot with fear. [1]

When the rock opened, the forty thieves entered the cave. They immediately saw Cassim. ☀

"He's stealing our treasure! Get him!" shouted the captain.

The thieves pulled out their swords and killed Cassim. Then they left his dead body in the cave. [2]

□ scratch 긁다, 긁적이다
□ Oh dear 아이구, 어머나
□ with fear 무서워서
□ pull out 뽑다, 꺼내다
□ dead body 시체

---

[1] **be frozen to the spot** 그 자리에 얼어붙다
He wanted to hide but he was frozen to the spot with fear.
그는 숨고 싶었지만 너무 무서워서 그 자리에 얼어붙었다.

[2] **leave A in B** A를 B에 남겨 두다
They left his dead body in the cave.
그들은 그의 시체를 동굴에 남겨 두었다.

Mini-Lesson

전치사가 필요 없는 동사들

'…로 들어가다'는 언뜻 enter to일 것 같지만, enter는 타동사로 전치사가 필요 없답니다. 이렇게 우리말과 달리 전치사가 필요 없는 대표적인 동사로는 '…와 결혼하다'라는 뜻의 marry가 있어요.

- The forty thieves entered the cave. 40명의 도적은 동굴로 들어갔다.
- He wants to marry her. 그는 그녀와 결혼하고 싶어한다.

Back home, Cassim's wife could only think about her new fortune. "I'll have a diamond necklace that twinkles like the stars," she thought. "And I would love a golden crown set with emeralds and rubies!" [1]

But Cassim didn't come home that night. His wife was worried and ran to Ali Baba for help.

"I'm afraid something terrible has happened to Cassim," she cried. "Please find him."

"Don't worry," said Ali Baba softly. "If he's not home by morning, I'll go and look for him."

But when morning came, Cassim had not returned. So Ali Baba hurried to the cave. When he arrived,

---

- □ back (at) home (앞서 언급한 곳을 다시 가리키며) 한편 집에서는
- □ fortune 큰 재물, 재산
- □ twinkle 반짝이다
- □ would love …가 있으면 좋겠다
- □ be horrified to + 동사원형 …하고 큰 충격을 받다
- □ sob 흐느껴 울다, 흐느끼다
- □ wrap 싸다
- □ cloak (소매 없는) 외투, 망토

1 be set with …가 박혀 있다
   And I would love a golden crown (which is) set with emeralds and rubies. 그리고 에메랄드와 루비가 박힌 금관도 있었으면 좋겠어.

he was horrified to see his brother's dead body.

"Oh, no!" he sobbed. "He wasn't always kind to me but he was my only brother." ☀

Sadly he wrapped Cassim's dead body in a cloak and carried it to his house.

Mini-Less☀n

See p. 113

부분 부정

not과 always가 함께 쓰이면 '항상(언제나) ~하는 것은 아니다' 라는 뜻의 부분 부정이 만들어진답니다. '항상 ~하지 않는다' 라고 해석하지 않는 것에 유의하세요.

- He wasn't always kind to me but he was my only brother.
  그가 나에게 항상 친절했던 것은 아니었지만 하나뿐인 형이었어.
- I am not always at home on weekends. 내가 주말에 항상 집에 있는 것은 아니야.

When Ali Baba arrived at Cassim's house, his sister-in-law was waiting for him.

"Have you found my husband?" she asked.

"Sister," replied Ali Baba, "I have bad news. Your husband is dead."

"Oh, poor Cassim!" she cried sadly.

"Now we must arrange his funeral," said Ali Baba. "But we don't want the neighbors to ask questions. We will tell them he died of a sudden illness."

"How can we do that?" asked Cassim's wife.

Cassim had a bright and faithful servant. Her name was Morgiana.

"I need your help, Morgiana," said Ali Baba. "But you must promise to tell no one."

"Yes, I promise," said Morgiana.

He told her what had happened to Cassim.

"If the thieves find out that I know about the cave, they will kill me. Do you have any good ideas?" he asked.

"Yes," she whispered to Ali Baba, "I know what to do."

❓ Morgiana was _____'s
L servant.

정답 Cassim

- □ sister-in-law 형수
- □ arrange 준비하다
- □ funeral 장례식
- □ neighbor 이웃(사람)

- □ die of a sudden illness
  갑작스런 병으로 죽다
- □ bright 총명한
- □ faithful 충실한, 믿을 수 있는

The next day, Morgiana went to town to find the doctor. She told him that Cassim was ill.

"My master has a high temperature," she sobbed. "And he cannot eat or drink anything."

"Cassim is a healthy man," said the doctor. "How can he fall ill so suddenly? I'll come and see him."

"No, no!" cried Morgiana. "You are far too busy. [1] Do you have any medicine that can help him?"

So the doctor gave her some medicine for Cassim.

Morgiana went to the doctor every day to collect more medicine. And every day she told him that

---

☐ high temperature 고열
☐ fall ill 병들다
☐ medicine 약
☐ collect (물건 등을) 가져오다, 타 오다

☐ hold a funeral for ···의 장례를 치르다
   (hold-held-held)
☐ sorrowfully 슬프게
☐ townspeople 마을 사람들

1 **far too** 너무나도, 지나치게
   You are far too busy. 당신은 너무나도 바쁘시잖아요.

Cassim was worse. At the end of the week, she told the doctor that Cassim was dead.

At last, Ali Baba could hold a funeral for Cassim. Ali Baba and Cassim's wife cried sorrowfully. And the townspeople believed that Cassim had died of a sudden illness.

After the funeral, Ali Baba and his wife went to live in Cassim's house.

Check-up Time!

● **WORDS**

빈칸에 알맞은 단어를 고르세요.

1 You can tell her your secret. She is _____.

a. beautiful   b. faithful   c. peaceful

2 Kids are _____ with all the dinosaurs things. I like them, too.

a. terrified   b. overjoyed   c. fascinated

3 We were horrified to hear of your _____ illness.

a. sudden   b. greedy   c. bright

● **STRUCTURE**

빈칸에 알맞은 전치사를 보기에서 골라 써넣으세요.

of	to	for

1 My family will set out _____ London tomorrow.

2 His grandmother died _____ cancer last year.

3 Katie was scared, so she was frozen _____ the spot.

ANSWERS

Words | 1. b 2. c 3. a Structure | 1. for 2. of 3. to

본문의 내용과 일치하면 T에, 일치하지 않으면 F에 ∨ 표 하세요.

	T	F

1 Cassim's wife was happy to have a diamond necklace and a golden crown set. ☐ ☐

2 Ali Baba was sad about Cassim's death because Cassim was always a good brother to him. ☐ ☐

3 Ali Baba didn't want the neighbors to know about how Cassim had died. ☐ ☐

4 After Cassim's death, Ali Baba and his wife moved to Cassim's house. ☐ ☐

● SUMMARY

빈칸에 맞는 말을 골라 이야기를 완성하세요.

Cassim forgot the (　　) and could not open the cave door. Eventually, he was killed by the thieves. Ali Baba found Cassim's dead body in the cave. And he told about Cassim's (　　) to Cassim's servant, Morgiana. She went to the (　　) and told him Cassim was ill. She went to him every day for a week and at the end of the week, she told him that Cassim was dead. Then they held a (　　) for Cassim.

a. death　　b. funeral　　c. magic words　　d. doctor

Thieves in the Jars

항아리 안의 도둑들

Meanwhile, on the day of Cassim's funeral, the thieves returned to their cave in the forest. They were furious to see that Cassim's body had disappeared.

"Something strange has happened here!" growled the captain. "Someone has taken the body but not our treasures! That person must know about our cave. We must find him!"

"I'll go to town and find out who knows the secret of our cave," suggested one of the thieves.

The thief disguised himself as a merchant and went to town. He saw Ali Baba and his family taking a body out of Cassim's house.

"Who died?" he asked a passerby.

"Cassim," answered the man.

"How did he die?" he asked again.

"I heard he was ill for a week," was the reply.

"That must be the man we killed a week ago," thought the thief.

☐ meanwhile 한편
☐ on the day of …하는 당일에
☐ growl 화난 목소리로 말하다
☐ suggest 제안하다

☐ disguise oneself as …로 변장하다
☐ take A out of B
　A를 B로부터 들고 나가다
☐ passerby 행인, 지나가는 사람

Mini-Lesson

must: 강한 추측 / 의무

must에는 2가지 중요한 뜻이 있는데요, 강한 추측을 나타내는 '…임에 틀림없다' 라는
뜻과 의무를 나타내는 '…해야만 한다' 라는 뜻이랍니다.

• That person must know about our cave. We must find him!
　그 사람은 우리의 동굴에 대해 알고 있는 것이 틀림없어. 우리는 그를 찾아야만 해!

The thief took some chalk from his pocket and drew a cross on Cassim's door.

"Now, I'll be sure to find the correct house [1] when I return." he thought.

He went back to the cave where the others were waiting for him.

"I have found the house of the man who took the dead body," he said.

"I know how we will kill him," said the captain of the thieves.

So he sent the men to buy forty large oil jars and twenty donkeys. He filled one jar with oil.

"Okay, men," he said. "Tie two jars onto each donkey and hide inside the empty ones!"

Then he disguised himself as an oil seller and led the donkeys into town.

□ draw 그리다
  (draw-drew-drawn)
□ cross x표
□ return 돌아오다
□ the others 그 밖의(나머지) 사람들

□ oil jar 기름 항아리
□ oil seller 기름 장수
□ lead A into B A를 B 안으로 끌고 가다
  (lead-led-led)

That evening, Ali Baba saw an old man leading twenty donkeys burdened with jars. He had a white [1] beard and was dressed in long flowing robes.

"Kind sir," said the man. "I'm an oil seller looking for a place to sleep tonight. Would you have room for me in your house?"

Ali Baba was a generous man and welcomed the old man into his home. His servants helped him unload the jars and put them in his barn. Then [2] Ali Baba treated him to dinner. And in return, the oil seller told Ali Baba exciting tales of his travels to exotic lands.

After eating dinner, the old man stood up.

"I'll just check on my donkeys before I go to bed, kind sir," said the old man.

"Don't be long," said Ali Baba. "Morgiana is making us coffee."

□ beard 턱수염
□ flowing (의복, 머리 등이) 미끈하게 처진
□ robe 길고 헐거운 겉옷
□ generous 관대한
□ welcome A into B
　　반갑게 A를 B 안으로 들이다
□ unload (짐 등을) 내리다
□ barn 헛간
□ treat A to B A에게 B를 대접하다
□ in return 보답으로, 답례로
□ exotic 이국적인, 색다른
□ check on (이상이 없는지를) 확인하다, 살펴보다
□ Don't be long. 오래 기다리게 하지 마세요.

1 **be burdened with** …을 지다

Ali Baba saw an old man leading twenty donkeys (that are) burdened with jars.

알리바바는 노인이 항아리를 진 20마리의 당나귀를 끌고 가는 것을 보았다.

2 **help+ 목적어(A)+ (to)+ 동사원형(B)** A가 B하는 것을 돕다

His servants helped him unload the jars and put them in his barn.

알리바바의 하인들은 노인이 항아리를 내려서 헛간에 보관하는 것을 도왔다.

The captain went to the barn. He tapped on the jars and whispered, "Remember to be ready! I'll come and tap on the jars when everyone is asleep. Then you must quietly go into the house and kill Ali Baba and his family."

Later that evening, when Morgiana was working in the kitchen, the oil lamp went out. She remembered the oil jars that the old man had stored in the barn.

"I'm sure he won't miss a little oil from each jar," she thought.

So she took a jug from the kitchen and ran to the barn. But when she opened one of the jars, she was astonished to hear a voice coming from inside it.

"Is it time, sir?" asked the voice.

"I'm certain they are the thieves who killed Cassim," she thought quickly.

"No, not yet!" she growled in a deep voice.

□ tap on ···을 가볍게 (톡톡) 두드리다
□ go out (불, 등불이) 꺼지다
□ store 저장하다
□ jug 물병

□ be astonished to + 동사원형
  ···하고 깜짝 놀라다
□ in a deep voice 굵고 낮은 목소리로

She checked all the jars and found that only one was full of oil. So she took the oil inside and heated it in a large pot on her stove until it was boiling. Then she carried it outside and poured it into each of the remaining jars. And that was the end of thirty-nine of the thieves!

But Morgiana knew there was one more thief left [1] alive. She wanted to protect Ali Baba. So she went to her room and dressed herself in her dancing [2] clothes. Then she hid a small dagger in her pocket. When she returned, she danced in front of Ali Baba and his guest. The two men were fascinated with her dancing. Suddenly, she jumped on the oil seller and stabbed him through the heart.

"What have you done, Morgiana?" cried Ali Baba.

His wife and sister-in-law ran into the room. They screamed when they saw the bloody dagger and the dead man.

□ be full of …로 가득하다
□ heat …을 뜨겁게 하다, 데우다
□ pot 솥
□ stove 화로, 난로
□ boil 끓다
□ pour 따르다
□ remaining 남아 있는

□ protect 보호하다
□ dagger 단도, 단검
□ guest 손님
□ stab … through the heart
　…의 심장을 찌르다
□ scream 비명을 지르다
□ bloody 피투성이의

1 **one more + 명사(A) + left** A가 하나 더 남아 있는
But Morgiana knew there was one more thief left alive.
하지만 모르지아나는 도둑이 한 명 더 살아 남아 있다는 것을 알았다.

2 **dress oneself in** …로 차려입다
So she went to her room and dressed herself in her dancing
clothes. 그래서 그녀는 자신의 방으로 가서 춤 복장으로 차려입었다.

"He isn't an oil seller, Master!" cried Morgiana.
She pulled the beard from his face.

"Now, do you recognize him?" she asked.

"It's the captain of the thieves!" cried Ali Baba.

Morgiana told him what she had done to the
other thieves.

"How can I thank you, Morgiana! You have saved
all our lives!" said Ali Baba. "You must be rewarded
for your bravery!"

And from that day on, Morgiana was no longer
a slave. But she refused to leave. So Ali Baba paid
her for the work she did for his family.

During the rest of his life, Ali Baba visited the cave
many times. But Ali Baba was not a greedy man like
his brother, Cassim. He only took enough coins to
care for his family. They lived comfortably and
were always ready to help any weary travelers.
But Ali Baba had learned one important lesson.
The travelers could only stay if Morgiana approved! [1]

---

1 only + 동사(A) + if 절(B) B하는 경우에만 (B하여야 비로소) A하다
   The travelers could only stay if Morgiana approved!
   나그네들은 모르지아나가 허락하는 경우에만 머물 수 있었다!

- ☐ pull A from B B에서 A를 뜯다
- ☐ recognize 알아보다, 인지하다
- ☐ be rewarded for …에 대한 보상을 받다
- ☐ bravery 용기
- ☐ from that day on 그날 이후 쭉(계속)
- ☐ refuse to+동사원형 …하기를 거절하다
- ☐ pay A for B A에게 B에 대한 대가를 치루다

- ☐ the rest of …의 나머지(여분)
- ☐ care for …을 돌보다
- ☐ comfortably 편안하게
- ☐ weary 피곤한, 지친
- ☐ traveler 나그네, 여행자
- ☐ approve 허락하다, 승인하다

 Check-up Time!

● **WORDS**

빈칸에 알맞은 형용사를 보기에서 골라 써넣으세요.

weary	exotic	generous	bloody

1 My teacher wasn't angry at my mistake. He was a very

_____ man.

2 I was _____ after a long hike in the mountains.

3 The police found a _____ knife.

4 You can find many different _____ fruits in Hawaii.

● **STRUCTURE**

빈칸에 알맞은 단어를 골라 문장을 완성하세요.

1 Don't worry. I'll be sure (keep / to keep) the secret.

2 Could you help me (find / finding) my key?

3 I still have one more year (left / to leave) to study.

4 Why don't you save the (remained / remaining) sandwiches for dinner?

빈칸에 알맞은 내용을 보기에서 찾아 문장을 완성하세요.

1 One of the thieves went to town _____ .

2 The thief drew a cross on Cassim's door with his chalk _____ .

3 After dinner, the oil seller went to the barn _____ .

---

a. and told the other thieves to be ready to kill Ali Baba and his family
b. to find the correct house when he returned
c. to find out who knew the secret of their cave

● SUMMARY

빈칸에 맞는 말을 골라 이야기를 완성하세요.

The ( ) planned to kill Ali Baba. He disguised himself as an ( ) and the thirty-nine thieves hid in big oil jars. He went to Ali Baba's house. Ali Baba let him stay for the night. Later that night, ( ) went to one of the jars to get some oil. She found out the thirty-nine thieves were hiding in oil jars, so she killed them with ( ). She also killed the captain and saved Ali Baba's family.

---

a. captain   b. Morgiana   c. oil seller   d. burning oil

ANSWERS

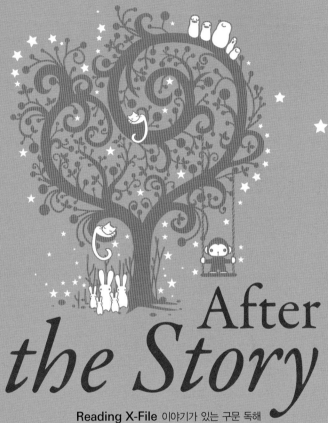

After
the Story

Reading X-File 이야기가 있는 구문 독해
Listening X-File 공개 리스닝 비밀 파일
Story in Korean 우리 글로 다시 읽기

The magician promised to give Aladdin a shop so that he could earn a living.

마법사는 알라딘이 생계를 꾸릴 수 있도록 가게를 마련해 주겠다고 약속했다.

★　★　★

마법사는 시장에서 알라딘을 보고 자신의 목적을 달성하기 위해 그에게 접근합니다. 그리고 자신이 죽은 아버지의 형이라고 알라딘과 알라딘의 엄마를 속이지요. 그 거짓말을 믿게 하기 위해서 알라딘에게 새 옷과 근사한 저녁을 사주고, '…이 ~하도록, …이 ~하기 위해' 라는 목적을 나타내는 so that절을 써서 위와 같은 약속도 합니다. 그럼 알라딘과 마법사의 대화를 통해 이 표현을 다시 볼까요?

Magician

Aladdin, I promise I'll give you a shop.

알라딘, 너에게 가게를 마련해 주겠다고 약속하마.

Aladdin

Thank you, Uncle. I'll make a lot of money so that I can make you and my mother happy.

고맙습니다, 큰아버지.
큰아버지와 엄마가 행복하시도록 돈을 많이 벌게요.

What am I to do?

어떻게 해야 하지?

★　★　★

공주와 대신의 아들이 결혼한다는 것을 알게 된 알라딘은 요정을 시켜 공
주를 데려오게 한 다음 공주에게 자신의 마음을 전달합니다. 알라딘의 진
심을 느낀 공주는 알라딘과 결혼하겠다는 뜻을 아버지에게 밝히는데요,
이에 술탄은 난감해하며 대신에게 위와 같이 말하지요. be동사 + to부정
사를 써서 '…해야 한다' 라는 의무를 나타내면서 말이죠. 그럼 두 사람의
대화로 의무를 나타내는 be동사 + to부정사의 쓰임을 다시 살펴볼까요?

Oh, no! Aladdin's palace disappeared.
What happened to my daughter?

오, 이런! 알라딘의 궁전이 사라졌어.
내 딸에게 무슨 일이 생긴 거지?

Sultan

I'm certain that Aladdin did this with magic.
He is to find the princess and his palace.

알라딘이 마술로 한 짓이 분명합니다.
그가 공주와 그의 궁전을 찾아야만 합니다.

Vizier

You look poor but you have been weighing gold.

너는 가난해 보이는데도 금화를 저울로 달고 있었더구나.

★ ★ ★

가난한 알리바바의 부인이 저울을 빌려가는 것이 수상해서 저울에 밀랍을 발라놓은 카심의 부인. 돌려받은 저울의 바닥에서 금화 한 닢을 발견하고는 남편에게 이 사실을 알립니다. 욕심 많고 이기적인 카심은 알리바바에게 달려가 어찌된 영문인지 따지며 위와 같이 말하죠. 과거부터 현재까지 진행되고 있는 행동을 나타내는 현재완료진행 시제(have been ...ing)를 써서 말이에요. 알리바바가 최근까지 하고 있는 행동을 나타내는 현재완료진행 시제를 카심과 부인의 대화로 다시 볼까요?

Cassim's wife

Cassim, I have been waiting for you to show you this. It's a gold coin from Ali Baba.

카심, 이것을 보여드리려고 당신을 기다리고 있었어요.
알리바바에게서 나온 금화에요.

Cassim

Hmm... It's strange. Where did he get this? I'll go and ask him.

흠… 이상하군. 이것이 어디서 났을까?
내가 가서 그에게 물어보리다.

He wasn't always kind to me but he was my only brother.

그가 나에게 항상 친절했던 것은 아니지만 하나뿐인 형이었어.

★　★　★

알리바바로부터 동굴의 위치와 문을 여는 주문을 알아낸 카심은 동굴을 향해 떠납니다. 하지만 동굴 안에서 보물 구경으로 많은 시간을 허비하는 바람에 주문을 잊어버려 나오지 못하고 결국 도둑들에게 죽임을 당하게 되죠. 한편 돌아오지 않는 형을 찾으러 갔다가 동굴 안에서 형의 시체를 발견한 알리바바는 위와 같이 말하며 탄식하지요. 이때 알리바바는 '항상〔언제나〕…한 것은 아니다' 라는 뜻의 not always를 써서 부분 부정을 표현하고 있어요. 다음의 대화를 통해 이 표현을 다시 살펴볼까요?

Ali Baba

My brother, Cassim, didn't treat me kindly.
So I didn't always like him but I miss him now.

나의 형 카심은 나를 친절하게 대해주지 않았어요.
그래서 형을 항상 좋아했던 것은 아니지만 지금은 형이 보고 싶어요.

Ali Baba's wife

I'm really sorry, Ali Baba.
Cassim must feel sorry for what he did.

유감이에요, 알리바바.
카심도 분명히 그가 한 행동을 후회할 거예요.

01 과감하게 생략하면 쉬운 영어!

자음이 세 개 이상 나올 경우 중간 자음은 발음하지 마세요.

sandwich를 발음해 볼까요? [샌드위치]라고요? 많은 원어민들은 [샌위치]처럼 발음한답니다. [d]발음을 아예 하지 않는 거죠. -ndw-처럼 자음이 3개 이상 이어지는 경우 중간 자음은 생략해 버린답니다. 철자 하나하나 정확하게 발음해야 한다고 생각하지 마세요. 과감히 생략할 때 더 원어민다운 발음을 할 수 있답니다. 그러면 본문 17쪽에서 이런 단어를 더 연습해 볼까요?

He was so (   ) that Aladdin's mother soon believed the magician was her son's long-lost uncle.

helpful 또박또박 [헬프풀]이라고 발음해야 할까요? -lpf-에서 중간 자음 p는 생략하고 [헬풀]이라고 발음하는 것이 좋아요.

02 힘주어 말하세요!

s 다음에 t, p, k가 오면 된소리로 발음하세요.

＿ ＿

야구경기 중계를 보다 보면, strike라는 단어를 많이 들을 수 있습니다. 해설자는 그냥 "스트라이크" 하지 않고 보통 "스뜨~롸익"이라고 힘주어 말하지요.

야구 경기의 재미를 더 느끼게 해주는 이 발음은 strike처럼 s 다음에 오는 t, p, k는 된소리 [ㄸ], [ㅃ], [ㄲ]로 발음해야 한다는 규칙을 잘 따른 것이라 할 수 있어요. 그럼 본문 18쪽을 통해서 이 발음을 연습해 볼까요?

"We'll (　　　) soon," said the magician. "It's not far from here."

stop [스탑]이라고 심심하게 발음하면 멈추지 않을지도 몰라요. 지금부터 [스땁]이라고 강하게 발음하세요.

Stop!

03 l 앞에 오면 작아지는 d와 t

l 앞에 오는 d나 t는 뒤의 l 소리와 비슷해져요.

한 단어 안에서 d나 t가 l 앞에 오면 l 소리를 따라가서 본래의 [d]나 [t] 소리가 없어지는 경우가 있어요. noodle과 battle의 경우 발음 기호대로 발음하면 [누들]과 [배틀]이 맞지만 보통 [누를], [배를]로 발음된답니다. 그럼 이렇게 d와 t가 l을 만나 [ㄹ]로 변하는 예를 본문 68쪽과 101쪽을 통해 살펴볼까요?

Then they took some bags from their (①   ).

① **saddles** [새들즈]라고 발음하지 않고 뒤의 l과 연결시켜서 자연스럽게 [새를즈]라고 발음하고 있어요.

"I'm sure he won't miss a (②   ) oil from each jar," she thought.

② **little** 이제는 [리틀]이라고 발음하지 말고 [리를]이라고 발음해 보세요. 훨씬 더 발음하기 쉽죠?

04 어둠의 l을 아시나요?

[i] 뒤에 오는 l은 약하게 발음하세요.

dark l

milk는 어떻게 발음할까요? 설마 [밀크]라고 발음하는 건 아니겠죠? 미국에 가서 이렇게 발음하면 우유 사기는 힘들 거예요. 왜냐구요? 그건 milk를 발음할 때 [어] 발음을 살짝 넣어 [미얼크]라고 발음하지 않았기 때문이에요. [i] 뒤에 오는 l은 [어] 뒤에 숨어 약하게 발음된다고 해서 dark l(어둠의 l)이라고도 하는데요, 본문 72쪽과 97쪽을 통해 확인해 볼까요?

Huge bales of (　①　) were stacked against
the walls and valuable carpets lay on the floor.

① **silk** [실크]가 아니라 혀가 앞니 뒤에 가볍게 닿는 순간 [시얼크]라고 발음하고 있어요.

So he sent the men to buy forty large (　②　)
jars and twenty donkeys.

② **oil** [오일]이 아니죠? [오열]이에요.

알라딘과 요술램프

1장 | 사악한 마법사

`p.14~15` 오래전, 알라딘이라고 불리는 한 소년이 어머니와 아라비아의 한 도시에 살았다. 알라딘의 어머니가 하루 종일 열심히 일했음에도 불구하고 그들은 매우 가난했다.

그러던 어느 날, 한 낯선 사람이 시장을 어슬렁거리고 있는 알라딘을 지켜보았다. 그 낯선 사람은 모로코에서 온 마법사였다. 몇 분 후, 그는 한 상인에게 다가가 물었다.

"오렌지 장수 옆에 있는 소년이 누구요?" 그가 물었다.

"무스타파의 아들 알라딘이지요." 라는 대답이 돌아왔다.

'그래, 저 소년이야. 이름도 맞고 아버지 이름도 맞군.' 그가 생각했다.

마법사는 이렇게 생각하고 알라딘에게 다가갔다.

"네가 무스타파의 아들 알라딘이냐? 네 아버지와 많이 닮았구나."

"네, 하지만 아버지는 오래 전에 돌아가셨습니다." 알라딘이 대답했다.

"아이고, 저런!" 낯선 사람이 말했다.

그는 한쪽 팔을 알라딘의 목에 둘렀다.

"내가 너의 큰아버지란다. 집에 가서 너희 어머니께 내가 내일 찾아 뵙겠노라고 전해 드리거라."

`p.16~17` 알라딘은 집으로 달려가 어머니에게 그 남자에 대해 말했다.

"그것 참 이상하구나. 너의 아버지에게 형제가 있긴 했지만 난 그 분이 돌아가신 것으로 생각했는데."

알라딘의 어머니가 말했다.

다음날, 전날의 낯선 사람이 포도주와 과일을 들고 두 사람의 집에 왔다.

"놀라지 마세요, 제수씨." 남자가 웃으며 말했다. "저는 지난 40년 간 다른 나라에 살고 있어서 죽은 동생에게는 작별인사를 할 수 없었습니다. 하지만 이제 제수씨와 조카는 도울 수 있습니다. 제가 부자거든요."

마법사는 알라딘을 데리고 시장에 가서 새 옷과 아주 푸짐한 저녁을 사주었다. 그리고 마법사는 알라딘에게 가게를 하나 마련해 주어서 생계를 꾸릴 수 있도록 해주겠다고 약속했다. 그가 도움을 베푸는 것을 보고 알라딘의 어머니는 그 마법사가 장기간 행방불명이었던 아들의 큰아버지라고 금세 믿게 되었다.

p.18~19 며칠 후, 마법사가 알라딘을 데리고 도시 밖에 있는 언덕으로 데리고 갔다. 두 사람은 한참 걸었고 알라딘은 지쳤다.

"우리 좀 쉬어요, 큰아버지." 알라딘이 말했다.

"곧 도착할 거야. 여기서 멀지 않다." 마법사가 말했다.

이윽고 두 사람은 좁은 계곡 밑에서 걸음을 멈추었다.

"자, 이제 나는 불을 지피겠다." 마법사가 말했다.

불을 지핀 후, 그는 불 위에 가루를 뿌리고 몇 마디 주문을 외웠다. 그러자 갑자기 땅이 흔들리더니 쫙 갈라졌다.

고리가 달린 납작한 돌 문 하나가 그들의 눈앞에 나타났다.

p.20~21 알라딘은 겁에 질렸다.

"왜 이런 일을 하신 거예요, 큰아버지?" 알라딘은 부들부들 떨며 말했다.

"이 돌 아래에 어마어마한 보물이 있다." 마법사가 말했다.

"보물!" 알라딘이 외쳤다. 그는 겁이 싹 달아났다.

"그렇다. 자, 고리 위에 네 손을 올리고 네 이름과 네 아버지의 이름을 말해라." 마법사가 말했다.

알라딘은 시키는 대로 했다. 그러자 돌 문이 스르르 열리면서 많은 가파른 계단이 나타났다. 그 계단들은 깊고 어두운 동굴로 연결되어 있었다.

"계단으로 내려가거라." 마법사가 말했다. "그러면 세 개의 복도로 연결되는 문이 나올 것이다. 그때부터는 아무것도 만져서는 안 된다. 그냥 가운데 복도를 따라 걸어가거라. 그러면 불이 켜진 램프가 벽에 걸려 있는 게 보일 것이다. 그 램프를 내게 가져오너라!"

그리고 마법사는 자신의 손가락에서 반지를 빼서 알라딘에게 주며 말했다.

"이것이 너를 안전하게 지켜줄 것이다."

p.22~23 알라딘은 계단을 내려갔고 세 개의 복도가 있는 곳에 이르렀다. 그는 형형색색의 보석들로 덮인 나무들을 지나갔다. 하지만 큰아버지의 말을 되새기며 아무것도 만지지 않았다. 그런 다음 큰아버지가 말한 램프를 찾아서 동굴 입구로 부리나케 되돌아갔다.

"램프를 내놓아라!" 마법사가 말했다.

"아뇨, 먼저 저를 이 동굴에서 꺼내 주세요." 알라딘이 말했다.

"당장 램프를 내놔!" 마법사가 소리쳤다.

"싫어요!" 알라딘이 말했다.

마법사는 불 같은 분노에 휩싸였다.

"그럼 너는 영원히 그 곳에 남게 될 것이다!" 마법사가 고함을 질렀다.

그는 불 위에 가루를 더 뿌리고 다시 주문을 외웠다. 그러자 돌 문이 다시 원래 대로 닫혔고 알라딘은 동굴에 갇히고 말았다!

마법사는 알라딘의 큰아버지가 아니었다. 그는 요술램프를 원하는 사악한 마법사였고 그 목적을 이루기 위해 특별히 알라딘을 선택한 것이었다. 하지만 마법사는 그 램프를 손에 넣지 못하자 아프리카로 돌아갔다.

p.24~25 알라딘은 어두운 동굴 속에 혼자 남아 두려움에 떨었다! 그는 마법사에게 소리치며 돌 문을 쾅쾅 두드렸다. 하지만 마법사는 이미 가버렸고 아무도 도와달라는 그의 외침을 듣지 못했다.

사흘 째 되는 날, 알라딘은 자기가 곧 죽게 될 것이라고 생각하고 신의 은총을 빌기 시작했다. 그가 두 손을 문지르자 거대한 요정이 나타났다.

"제게 무엇을 원하십니까? 저는 반지의 요정입니다. 원하시는 것은 무엇이든 하겠습니다." 요정이 말했다.

알라딘은 깜짝 놀랐고 너무 두려웠다. 그는 처음에 말도 하지 못했지만 이윽고 용기를 내서 말했다.

"나를 이곳에서 꺼내다오!" 알라딘이 외쳤다.

갑자기 알라딘은 동굴 밖으로 나와있는 자신을 발견했다. 그는 천천히 걸어서 집으로 갔다.

"몹시 걱정했었단다. 어디에 있었니?" 알라딘의 어머니가 물었다.

알라딘은 있었던 일을 설명하고 어머니에게 램프를 보여드렸다.

"배가 너무 고파요, 어머니." 알라딘이 말했다.

"미안하다, 아들아. 먹을 것이 아무것도 없구나. 그리고 음식을 살 돈도 없단다." 어머니가 말했다.

`p.26~27` "이 램프를 팔아서 음식을 사요." 알라딘이 말했다.
"하지만 램프가 너무 더럽구나. 깨끗하면 더 좋은 값을 받을 수 있을 거다." 어머니가 말했다.

어머니가 램프를 천 조각으로 문질렀다. 그러자 순식간에 거대한 요정이 나타났다.

"무슨 일을 해드릴까요, 주인님?" 요정이 말했다.

알라딘의 어머니는 너무 놀라서 몸을 움직일 수도 없었다.

"먹을 것을 가져와라!" 알라딘이 말했다.

요정은 잠시 사라졌다. 그리고는 기름진 음식으로 가득한 몇 개의 은쟁반을 들고 다시 나타났다. 다음날, 알라딘은 은쟁반을 시장에 가지고 가서 금화 두 닢을 받고 팔았다. 그 후 매일, 알라딘은 램프를 문지르고 요정을 불러 음식을 가지고 오게 했다. 그리고 매일 은쟁반을 내다 팔았다. 얼마 안 가 알라딘과 그의 어머니는 부자가 되었다.

2장 | 사랑에 빠진 알라딘

`p.30~31` 그러던 어느 날, 알라딘이 은쟁반을 팔기 위해 보석상으로 향하고 있을 때였다. 갑자기 그는 누군가가 소리치는 것을 들었다.

"술탄의 따님이 오신다! 공주님이 납신다!"

공주는 목욕탕에 가는 길이었고 알라딘은 공주를 가까이서 보고 싶었다. 그래서 목욕탕 바깥에 숨어서 벽에 있는 구멍을 통해서 엿보았다. 공주는 목욕탕 안으로 들어가며 베일을 들어올렸고 알라딘은 순식간에 사랑에 빠지고 말았다.

'공주를 아내로 삼고 싶어.' 알라딘이 생각했다.

그는 집으로 가서 어머니께 말씀 드렸다.

"어머니, 저는 사랑에 빠졌어요. 제발 술탄께 가서서 공주를 저의 아내로 달라고 부탁해 주세요."

그리고 알라딘은 요정을 불러 술탄에게 바칠 많은 보석들을 가져오라고 지시했다.

알라딘의 어머니는 처음엔 아들이 농담을 한다고 생각했다. 하지만 알라딘이 진심이라는 것을 알고는 보석들을 가지고 궁전으로 갔다.

p.32~33 알라딘의 어머니는 술탄을 만나기 위해 궁궐 바깥에서 엿새를 기다렸다. 처음 며칠 동안, 술탄은 알라딘의 어머니를 무시했지만 차츰 그녀가 누구인지 궁금해지기 시작했다. 이레 째 되는 날, 술탄은 알라딘의 어머니를 궁궐 안으로 불러들였다.

"여인이여, 내게 바라는 것이 무엇인가?" 술탄이 물었다.

"제 아들 알라딘이 공주님을 사랑합니다. 아들이 공주님과 결혼하기를 원합니다." 알라딘의 어머니가 말했다.

술탄이 웃었다. 알라딘의 어머니는 번쩍이는 보석들을 술탄 앞에 내놓았다. 술탄이 평생 보던 중 가장 멋진 보석들이었다. 술탄이 자신의 최고 고문인 대신 쪽으로 몸을 돌려 말했다.

"이 자는 내 딸을 아주 귀하게 여기는군. 이 결혼을 승낙해야 할까?"

대신은 공주를 자신의 아들과 결혼시키고 싶어했다. 그는 재빨리 머리를 굴렸다.

"그렇게 하시지요. 하지만 알라딘에게 석 달간 기다리라고 하십시오." 그가 말했다.

대신은 그 시간 정도면 자신의 아들이 술탄에게 바칠 더 값나가는 선물을 준비할 수 있을 거라 생각했다.

"석 달 후, 알라딘은 공주와 결혼할 수 있다." 술탄이 말했다.

p.34~35 알라딘은 참을성 있게 석 달이 지나기를 기다렸다. 두 달이 흘렀을 때, 그의 어머니가 시장에 갔다. 시장에 큰 잔치가 벌어지고 있었고 모두들 잔치기분이었다.

"다들 왜 이렇게 기뻐하는 거죠?" 알라딘의 어머니가 가게주인에게 물었다.

"아직 소식 못 들었어요? 공주님이 오늘밤 대신의 아드님과 결혼하신대요!" 가게주인이 말했다.

알라딘의 어머니는 집으로 달려가 아들에게 그 소식을 전했다. 알라딘은 처음엔 무엇을 어찌해야 할지 몰랐다. 그러다 램프를 꺼내 들고 문질렀다.

"무엇을 원하십니까, 주인님?" 요정이 물었다.

"결혼식 전에 공주를 내게 데려오너라." 알라딘이 말했다.

"알겠습니다, 주인님." 요정이 말했다.

곧 요정은 알라딘의 집으로 공주를 데려왔다.

p.36~37 "누구세요?" 공주가 물었다.

그녀는 두려웠다. 알라딘은 공주의 손을 잡고 그녀의 눈을 마주 바라보며 말했다.

"두려워 마십시오. 제 이름은 알라딘입니다. 당신의 아버지께서는 당신을 제 아내로 주시기로 약속하셨습니다. 저는 어느 누구보다 더 당신을 사랑합니다. 용서하십시오, 하지만 이것이 제 마음을 전할 유일한 길이었습니다."

다음날 아침, 요정은 공주를 궁궐로 데려다 주었다. 공주는 알라딘의 눈을 기억했다.

'대신의 아들이 나를 볼 때 그 눈에는 사랑이 없어.' 그녀는 생각했다. '그는 오로지 우리 아버지의 금과 보석만 생각해.'

공주는 아버지에게 가서 있었던 모든 일을 말했다.

"저는 알라딘과 결혼하고 싶어요." 공주가 말했다.

술탄은 몹시 놀랐다.

"이 일을 어쩌면 좋은가? 내 딸이 그자, 알라딘과 결혼하기를 원하네. 그자가 부자인 것은 확실하지만 그자에 대해 아는 것이 없단 말이야." 술탄이 대신에게 말했다

"석 달이 지나면 불가능하다고 생각되는 일을 그자에게 요구하십시오." 대신이 말했다.

p.38~39 석 달이 지났을 때, 알라딘은 자신의 어머니를 보내 술탄에게 그가 한 약속을 상기시켰다.

"기억하고 있다. 하지만 먼저, 여든 명의 새 노예와 보석으로 가득한 금 수반 마흔 개를 바치거라." 술탄이 말했다.

알라딘의 어머니는 집으로 돌아와 아들에게 술탄의 말을 전했다. 알라딘은 미소를 지으며 램프를 문질렀다. 그것은 요정에겐 너무나 쉬운 일이었다. 순식간에 여든 명의 노예가 금과 보석을 들고 나타났다.

알라딘은 노예들을 어머니 편으로 궁궐로 보냈다. 술탄은 알라딘의 선물에 만족했다.

"여인이여, 그대의 아들과 내 딸의 결혼을 허락하노라." 술탄이 말했다.

알라딘의 어머니는 달려가 알라딘에게 이 기쁜 소식을 전했다. 알라딘은 요정을 불렀다.

"값비싼 옷과 말 한 필과 노예 스무 명을 원한다. 그리고 금화 만 냥도 준비해라." 알라딘이 말했다.

잠시 후, 알라딘은 말을 타고 궁궐로 향했다. 그의 노예들은 길에 나온 사람들에게 금화를 던져주며 알라딘의 옆에서 걸었다.

p.40~41 술탄은 알라딘을 따뜻하게 맞아 주었다.

"그대가 오늘 결혼할 수 있도록 모든 것이 준비되었다." 술탄이 말했다.

"결혼식은 내일 올리겠습니다, 전하." 알라딘이 말했다. "우선 공주님을 위한 궁궐을 지어야겠습니다."

다음날, 알라딘의 궁궐이 완성되었다. 가장 좋은 대리석으로 지어지고 보석들로 장식된 궁궐이었다. 옷장에는 값비싼 옷들이 그득하고 마구간에는 아름다운 백마가 있었고 노예들도 많았다. 말할 필요도 없이, 이 모든 것은 요정이 만든 것이었다.

그날 밤, 알라딘은 공주와 결혼했고 두 사람은 새로 지은 궁궐에서 행복하게 살았다.

3장 | 헌 램프 대신 새 램프

p.44~45 알라딘이 공주와 행복하게 살고 있는 동안, 아프리카로 돌아간 마법사는 비참한 생활을 하고 있었다. 그는 요술램프를 손에 넣어야 한다는 것 말고 다른 것은 생각하지 않았다.

그러던 어느 날, 그는 알라딘이 공주와 결혼했다는 소식을 접했다.

"알라딘이 램프를 가지고 있는 거야. 그렇지 않다면 공주와 결혼할 수 있었을 리가 없지. 하지만 그 램프는 내 거야!" 그가 말했다.

마법사는 램프를 손에 넣기 위해 아라비아의 도시를 향해 여러 날을 밤낮으로 여행했다. 곧 그는 훌륭한 궁

궐을 보게 되었다.

"저기엔 누가 삽니까?" 마법사가 길을 가던 사람에게 물었다.

"알라딘 공의 궁궐이오." 행인이 말했다.

마법사는 램프의 요정이 그 궁궐을 만든 것임을 알아보았다. 그는 미칠 듯이 화가 났다.

'반드시 알라딘에게서 램프를 빼앗아 와야 한다! 하지만 어떻게?'

p.46~47 다음날, 마법사는 알라딘이 사냥을 떠났 다는 말을 들었다. 그는 구리 램프 열두 개를 사 서 바구니에 넣었다.

그리고 "헌 램프를 새 램프로 바꿔드려요!" 라고 외치며 궁궐 쪽으로 갔다.

사람들이 그를 보고 요란하게 웃기 시작했다. 공주가 소란스러운 소리를 듣고 하인을 내보내 무 슨 일인지 알아보게 했다. 하인이 웃어대며 돌아왔다.

"어떤 어리석은 늙은이가 헌 램프를 주면 좋은 새것으로 바꿔주겠다고 말하고 다닙니다!"

"남편의 낡은 램프를 받아 줄지도 모르겠어." 공주가 말했다. "그 램프가 구석에 있 으니 가지고 가서 새것으로 바꿔 나에게 가져 오너라."

공주는 그것이 요술램프라는 것을 몰랐다.

마법사는 하인의 손에 들린 낡은 램프를 보자마자 그것이 요술램프임을 알아보았다.

"아무거나 원하시는 새 램프로 골라가세요." 마법사가 요술램프를 움켜잡으며 말했다.

p.48~49 마법사는 자정까지 기다렸다. 그런 다음 램프를 문지르자 요정이 나타 났다.

"무엇을 원하십니까, 주인님?" 요정이 말했다.

"알라딘의 궁궐과 공주와 나를 아프리카로 옮겨라." 마법사가 명령했다.

그 즉시, 마법사와 공주와 궁궐은 아프리카에 있게 되었다.

다음날 아침, 술탄은 알라딘의 궁궐 쪽으로 난 창문을 내다보았지만 궁궐은 온 데 간 데 없었다!

"알라딘의 궁궐은 어디 있느냐? 그리고 내 딸은 어디 있느냐?" 술탄이 소리쳤다.

"알라딘이 마법으로 궁궐을 만든 것입니다! 그리고 이제 궁궐이 마법으로 사라져버린

것입니다. 이것은 모두 알라딘의 책임입니다." 대신이
말했다.

술탄은 알라딘을 붙잡아 오기 위해 서른 명의 부하를
보냈다.

"그 놈을 사슬에 묶어 나에게 데려오너라!" 술탄이 명
령했다.

p.50~51 알라딘은 등 뒤에 손이 묶인 채로 술탄에게 끌려
갔다.

"저의 죄가 무엇입니까, 전하?" 알라딘이 물었다.

"보아라!" 술탄이 외쳤다.

술탄은 한 때 알라딘의 궁궐이 서 있었던 장소를 가리켰다.

"너의 궁궐은 어디로 갔느냐? 그리고 내 딸은 어디 있느냐? 대답해라!" 술탄이 부
르짖었다.

알라딘은 너무나 큰 충격에 말을 할 수가 없었다.

"내 딸을 찾아오너라!" 술탄이 명령했다. "그렇지 못하면 너는 죽는다."

"알겠습니다, 전하. 공주를 찾는 데 40일을 주십시오. 제가 실패하면 제 목숨을 거
두어 주십시오."

"그러겠다." 술탄이 말했다.

p.52~53 알라딘은 요술램프 없이 어찌해야 할지를 몰랐다. 알라딘은 미친 사람처럼
거리와 숲을 헤매고 다녔다. 37일이 지났을 때 알라딘은 울면서 무릎을 꿇고 기도를
올렸다. 그가 두 손을 문지르자 반지의 요정이 알라딘 앞에 나타났다.

"무엇을 원하십니까, 주인님?" 요정이 물었다.

알라딘은 요정을 보고 매우 기뻤다.

"오, 내가 너를 까맣게 잊고 있었구나. 내 궁궐과 아내를 나에게 데려와라." 알라딘
이 말했다.

"그럴 수 없습니다. 램프의 요정만이 주인님의 궁궐과 아내를 다시 데려올 수 있습
니다." 요정이 말했다.

"그럼 나를 내 궁궐로 데려다 다오." 알라딘이 말했다.

순식간에 그는 아프리카에 있는 자신의 궁전 바깥 쪽, 공주 방 창문 아래에 있었다.
그는 창문으로 안을 들여다보았다. 방에는 공주 외에 아무도 없었다.

p.54~55 "부인, 나요!" 알라딘이 부르짖었다.

공주가 밖을 내다보고 알라딘을 발견했다. 공주는 기뻐서 큰 소리로 울었다. 알라딘은 안으로 달려들어가 그녀를 두 팔로 껴안고 키스했다.

"자, 그 낡은 램프는 어찌 되었는지 말해주오." 알라딘이 말했다.

"정말 미안해요! 제가 그것을 새것과 바꿨어요. 그리고 다음날 아침에 일어나 보니 이런 이상한 곳에 와 있는 거예요." 공주가 말했다.

"아하!" 알라딘이 외쳤다. "그 마법사야! 지금 그 램프는 어디 있소?"

"그 남자가 항상 몸에 지니고 다녀요. 그 남자가 나와 결혼하길 원했지만 내가 거절했어요." 공주가 말했다.

그리고 공주는 울기 시작했다.

"걱정 말아요. 우린 곧 집으로 돌아갈 수 있을 거요." 알라딘이 말했다.

그런 다음 그는 마을로 가서 특별한 가루약을 샀다. 그리고 성으로 돌아왔다.

"마법사를 저녁식사에 초대해요. 그와 결혼하는 데 동의하고 아프리카 와인을 가져다 달라고 말해요. 그가 와인을 가지러 가면, 정확히 내가 말하는 대로 해요." 알라딘이 공주에게 말했다.

p.56~57 그날 저녁, 공주는 알라딘이 시킨 대로 했다. 마법사가 와인을 가지러 나가자 공주는 자신의 큰 금잔 안에 가루약을 부었다. 곧 마법사가 와인을 가지고 돌아왔다.

"저는 당신과 결혼하기로 결심했어요. 당신은 부자고 힘을 지녔으니까요. 이제 제 잔을 채우고 우리의 결혼을 축하하는 의미로 와인을 마셔요. 당신이 먼저, 다음엔 제가 마실게요." 공주가 말했다.

"그럽시다, 내 사랑. 당신은 정말 똑똑하기도 하지!" 마법사가 말했다.

그는 와인을 마셨고 바로 쓰러져 죽었다. 알라딘이 뛰어들어가 죽은 마법사의 품 안에서 램프를 꺼냈다.

알라딘이 램프를 문지르자 곧 요정이 나타났다.

"이 궁궐과 그 안에 있는 것을 모두 원래 있던 곳으로 되돌려 놓아라." 알라딘이 말했다.

잠시 후, 궁궐은 원래대로 술탄의 궁궐 옆에 놓이게 되었다.

알라딘과 그의 아내는 오랫동안 행복하게 살았다. 술탄이 죽은 후, 알라딘이 그의 뒤를 이어 나라를 다스렸다.

알리바바와 40인의 도둑

1장 | 열려라 참깨!

p.66~67   오래전, 두 형제가 아버지와 함께 바그다드에 살았다. 장남의 이름은 카심이었고 차남의 이름은 알리바바였다. 그들의 아버지는 가난했기 때문에 두 형제는 아버지가 세상을 떠났을 때 아무것도 물려받지 못했다.

카심은 곧 부유한 여자와 결혼했지만 알리바바는 가난한 여자와 결혼했다. 그는 가족을 먹여 살릴 만한 돈이 없었다. 그래서 알리바바는 매일 당나귀를 타고 숲으로 갔다. 그는 나무를 베어 마을 시장에 내다 팔았다.

그러던 어느 날, 알리바바가 숲에서 일하고 있을 때 말들이 자기 쪽으로 다가오는 소리가 들렸다.

"사람들이 말하는 도둑들인 것 같아! 숨어야겠어!"

그는 당나귀를 덤불 속에 숨겼다. 그리고 자신은 커다란 나무 위로 올라가 가지 사이에 몸을 숨겼다.

p.68~69   곧 인상이 험악한 한 무리의 남자들이 말을 타고 다가왔다. 그들은 길게 휘어진 칼로 무장을 하고 있었다. 알리바바가 남자들을 세어 보니 39명이었다. 그때 커다란 검은 말이 나타났다. 말에 탄 사람은 온통 검은 옷을 입고 있었다. 그는 다른 남자들보다 더 포악하고 강해 보였다.

'저 사람이 분명 두목일 거야.' 알리바바는 생각했다.

그는 도둑들이 가까운 곳에 있는 덤불 가지에 말을 매는 것을 지켜보았다. 그들은 각자의 안장에서 자루를 끌어내렸다.

'저 안에 무엇이 들어 있는지 궁금하군. 묵직해 보이는데.' 그는 생각했다.

갑자기 두목이 알리바바가 숨어 있는 곳으로 빠르게 걸어왔다.

'아, 이런, 두목이 이쪽으로 오고 있잖아.' 그는 생각했다.

그는 알리바바가 숨어 있는 나무 아래서 멈춰 서더니 주위를 둘러보았다. 알리바

바는 혼비백산했다. 너무 두려웠던 그는 그 도둑이 자신의 기척을 들을까 봐 움직일수도 없었고 숨을 쉴 수도 없었다. 그때 두목이 덤불 속에 가려져 있는 커다란 바위로향했다. 두목은 다시 주위를 둘러본 후 크고 무시무시한 목소리로 외쳤다. "열려라 참깨!"

p.70~71 그러자 놀랍게도 바위에서 커다란 문이 열리고 동굴이 나타났다. 40명의도둑들이 줄줄이 안으로 들어갔고 그들 뒤로 문이 닫혔다.

알리바바는 겁이 났다. 그가 나무에서 내려가면 도둑들에게 붙잡히고 말 거라고 생각했다. 그래서 그는 도둑들이 동굴 밖으로 나올 때까지 기다리고 또 기다렸다. 오랜시간이 흐른 후, 동굴 문이 열리고 도둑들이 나왔다.

두목이 외쳤다. "닫혀라 참깨!"

즉시 문이 닫히고 도둑들은 말을 타고 사라졌다. 알리바바는 그들이 정말 떠났다는확신이 들 때까지 기다렸다. 그리고 그는 나무에서 내려와 다리를 쭉 폈다.

'문 뒤에 뭐가 있는지 봐야겠어.'알리바바가 생각했다. '아마 내가 주문을 외쳐도 통할 거야.'

그는 바위로 다가가 외쳤다. "열려라참깨!"

p.72~73 문이 열리자 그는 동굴 안으로 조심스럽게 걸어 들어갔다. 그의 뒤에서 문이 닫히자 소스라치게 놀랐다. 그는 자신의 눈을 믿을 수가 없었다. 수많은 값진 원석과 보석, 금화와 은화가 동굴을 가득 채우고 있었다. 엄청난 양의 비단 꾸러미들이 벽에 차곡차곡 쌓여 있고 귀중한 양탄자들도 바닥에 놓여 있었다.

"와, 내 평생 이렇게 많은 보물은 본 적이 없어!" 알리바바가 말했다.

'도둑들은 금화 몇 개가 없어져도 눈치채지 못하겠지. 그럼 난 몇 달 동안 가족을 먹여 살릴 수 있을 테고.' 그는 생각했다.

그는 자신의 자루들에 금화를 채워 넣었다. 그리고 그 자루들을 동굴 밖으로 가지고나와 당나귀의 등에 묶었다.

그 일을 마친 알리바바는 "닫혀라 참깨!"라고 외쳐야 한다는 것을 기억했다.

문이 닫혔고 알리바바는 집으로 돌아왔다.

p.74~75   집에 돌아온 알리바바는 부인에게 금화를
보여주었다. 자루 안을 들여다 본 부인은 깜짝 놀라
눈이 휘둥그레졌다.

"어머, 금화네! 어디서 이렇게 많은 금화가
났어요?" 부인이 물었다.

그는 부인에게 일어났던 일을 설명했다.
부인은 몹시 흥분했고 기쁨에 겨워 펄쩍펄
쩍 뛰었다.

그는 손가락을 입에 갖다대며 속삭였다.
"자, 아무에게도 말하면 안 돼. 안 그러면 마을 사람들이 우리를 도둑이라고 생각할
테니까 말이야."

"알았어요." 그의 부인이 말했다. "그런데 우리가 도대체 금화를 얼마나 가지고 있
는 거예요?"

"잘 모르겠어. 금화를 다 세려면 시간이 꽤 걸릴 거야. 무게를 달아 보는 게 좋겠지
만 우린 저울이 없어." 알리바바가 대답했다.

"카심에게 저울이 있어요. 내가 가서 빌려 올게요." 그의 부인이 말했다.

p.76~77   알리바바의 부인은 카심의 집으로 달려갔다.

"저울 좀 빌려주시겠어요?" 그녀가 카심의 부인에게 물었다.

"동서, 무엇을 달아 보려고?" 카심의 부인이 물었다.

"곡식이요." 알리바바의 부인이 거짓말로 대답했다.

하지만 카심의 부인은 그녀의 말을 믿지 않았다. 그녀는 저울 안쪽에 밀랍을 몰래
붙여 놓았다. 알리바바가 금화의 무게를 잰 후, 그의 부인은 저울을 돌려 주었다. 그러
나 그녀는 저울 안쪽에 금화가 붙어 있는 것을 보지 못했다. 카심의 부인은 금화를 발
견하자 몹시 화가 났다. 그날 저녁, 그녀는 남편에게 금화를 보여주었다.

"카심, 당신은 자신이 부자라고 생각하죠!" 그녀가 말했다. "하지만 알리바바가 당
신보다 더 부자예요. 그는 돈을 세지 않고 무게로 잰다고요!"

이 이야기를 들은 카심은 화가 났다. 그는 욕심이 많고 이기적인 사람이었다.

'당장 가서 동생을 만나봐야겠군.' 카심은 생각했다.

p.78~79   카심은 알리바바의 집으로 황급히 달려갔다.

"동생, 가난해 보이는 네가 금화의 무게를 달았더구나!"

"무슨 말씀이세요?" 알리바바가 물었다.

카심은 그의 부인이 발견한 금화를 알리바바에게 보여주었다.

"이런 금화가 얼마나 있는 거냐?" 카심이 물었다.

알리바바는 말하고 싶지 않았지만, 형에게 거짓말을 할 수가 없었다. 결국 그는 숲에서 본 40명의 도둑과 동굴에 대해 형에게 털어놓았다.

"동굴은 어디 있느냐?" 카심이 말하라고 다그쳤다. "그곳을 말하거라, 안 그러면 네가 금을 훔쳤다고 사람들에게 말해 버릴 테다!"

알리바바는 할 수 없이 동굴이 있는 곳을 카심에게 자세히 알려 주었다. 또 주문도 알려 주었다!

2장 | 카심의 욕심

`p.82~83` 다음날 아침, 일찍 카심은 동굴을 향해 출발했다. 그는 커다란 빈 바구니를 실은 당나귀 열 마리를 끌고 갔다. 얼마 되지 않아 그는 찾던 곳을 발견했다.

"열려라 참깨!" 그가 외쳤다.

즉시 문이 열렸고 그는 동굴 안으로 들어갔다. 그는 온갖 보물에 정신이 팔려 시간 가는 줄을 몰랐다. 시간이 한참 지난 후에야 그는 집으로 돌아갈 생각을 했다.

"이 보물을 잔뜩 가지고 집에 돌아가 마누라에게 안겨줘야지." 그가 말했다.

그는 바구니를 보석과 금은화와 비단으로 가득 채웠다. 하지만 떠날 채비를 마쳤을 때 그는 주문이 생각나지 않았다.

"열려라 보리! 열려라 밀!" 그는 외쳤다.

하지만 문은 열리지 않았다. 그는 계속해서 외쳤지만 진짜 주문인 '참깨'가 생각나지 않았다!

`p.84~85` 카심은 걱정하기 시작했다. 그는 머리를 긁적이며 동굴을 서성거렸다.

'아이고, 도둑들이 나를 발견하면 어떡하지?' 그는 생각했다.

갑자기 동굴 밖에서 말들이 다가오는 소리가 들렸다. 그는 숨고 싶었지만 너무 무서워서 자리에서 꼼짝도 할 수 없었다. 바위가 열리고 40명의 도둑들이 동굴 안으로 들어왔다. 그들은 즉시 카심을 보았다.

"저 녀석이 우리 보물을 훔치고 있다! 잡아라!" 두목이 소리쳤다.

도둑들은 일제히 칼을 빼어 들어 카심을 죽였다. 그리고 카심의 시체를 동굴 안에 남겨 두었다.

p.86~87 한편 카심의 집에서는 카심의 부인이 새로 얻게 될 큰 재물에 대한 생각에 푹 빠져 있었다.

'나는 별처럼 반짝거리는 다이아몬드 목걸이를 갖게 될 거야. 그리고 에메랄드와 루비가 박힌 금관도 있었으면 좋겠어.' 그녀가 생각했다.

하지만 그날 밤 카심은 집으로 돌아오지 않았다. 부인은 걱정이 되어 도움을 청하러 알리바바에게 달려갔다.

"카심에게 끔찍한 일이 생긴 것 같아요. 그를 찾아 주세요!" 그녀가 울부짖었다.

"걱정 마세요. 형님이 아침까지 돌아오시지 않으면, 제가 가서 찾아 볼게요." 알리바바가 다정하게 말했다.

하지만 아침이 되어서도 카심은 돌아오지 않았다. 그래서 알리바바는 서둘러 동굴로 갔다. 동굴에 도착한 그는 형의 시체를 보고 큰 충격을 받았다.

"아, 이럴 수가! 형이 나에게 항상 친절했던 것은 아니었지만 하나뿐인 형이었는데." 알리바바가 흐느꼈다.

슬픔에 젖은 그는 카심의 시체를 외투에 싸서 카심의 집으로 돌아왔다.

p.88~89 알리바바가 카심의 집에 도착하자 형수가 그를 기다리고 있었다.

"남편을 찾았어요?" 그녀가 물었다.

"형수님, 나쁜 소식이 있어요. 형님이 죽었어요." 알리바바가 대답했다.

"아이고, 가엾은 카심!" 그녀가 슬프게 외쳤다.

"이제 우리는 장례식을 준비해야 합니다. 하지만 이웃 사람들이 이런저런 질문을 하면 곤란하잖아요. 사람들에게는 형님이 갑작스런 병으로 죽었다고 말해야겠어요." 알리바바가 말했다.

"우리가 어떻게 하면 될까요?" 카심의 부인이 물었다.

카심에게는 총명하고 충성스런 하녀가 있었다. 그녀의 이름은 모르지아나였다.

"모르지아나, 네 도움이 필요하구나. 하지만 아무한테도 얘기를 하지 않겠다고 약속을 해야 해." 알리바바가 말했다.

"네, 약속할게요." 모르지아나가 말했다.

그는 카심에게 일어났던 일을 그녀에게 말해 주었다.

"만일 도둑들이 내가 그 동굴에 대해 알고 있다는 사실을 알게 되면 나를 죽일 거야. 뭐 좋은 방도가 없을까?"

"있어요. 어떻게 해야 하는지 생각났어요." 그녀가 알리바바에게 속삭였다.

p.90~91 다음날, 모르지아나는 의사를 만나러 시내에 갔다. 그녀는 의사에게 카심이 아프다고 말했다.

"제 주인님이 열이 펄펄 끓어요. 게다가 아무것도 드시지 못해요." 그녀가 흐느끼며 말했다.

"카심은 건강한 사람이잖아요." 의사가 말했다. "어떻게 그렇게 갑자기 병에 걸릴 수 있지? 내가 가서 한번 봐야겠군요."

"아뇨, 아뇨!" 모르지아나가 소리쳤다. "의사 선생님은 아주 바쁘시잖아요. 주인님께 도움이 되는 약이나 좀 주시겠어요?"

그래서 의사는 그녀에게 카심이 먹을 약을 주었다.

모르지아나는 약을 더 타오기 위해 매일 의사에게 갔다. 그리고 갈 때마다 카심의 상태가 더욱 나빠졌다고 말했다. 그렇게 일주일이 끝날 시점에 그녀는 의사에게 카심이 죽었다고 말했다.

마침내 알리바바는 카심의 장례식을 치를 수 있었다. 알리바바와 카심의 부인은 비통하게 울었다. 그리고 마을 사람들은 카심이 갑작스런 병으로 죽었다고 믿게 되었다.

장례식을 치른 후 알리바바와 그의 부인은 카심의 집에서 살게 되었다.

p.94~95 한편 카심의 장례식이 치러진 날, 도둑들은 숲에 있는 동굴로 돌아왔다. 그들은 카심의 시체가 사라진 것을 보고 길길이 뛰었다.

"여기서 이상한 일이 일어났다! 누가 시체를 가져갔는데 보물은 안 가져갔어! 그는 우리 동굴에 대해 알고 있는 것이 틀림없어. 그 놈을 찾아내야 한다!" 두목이 성난 목소리로 말했다.

"제가 마을로 가서 누가 우리 동굴의 비밀을 알고 있는지 알아내겠습니다." 도둑들 중 한 명이 제안했다.

그 도둑은 상인으로 위장하고 마을로 갔다. 그는 알리바바와 그의 가족이 카심의 집에서 시체를 가지고 나오는 모습을 보았다.

"누가 죽은 거요?" 그는 행인에게 물었다.

"카심이오." 행인이 대답했다.

"어떻게 죽었소?" 그가 다시 물었다.

"일주일 동안 앓았다고 들었소."

'저 시체는 우리가 일주일 전에 죽인 남자가 분명해.' 도둑은 생각했다.

p.96~97 도둑은 호주머니에서 분필을 꺼내 카심의 문에 X표시를 해놓았다.

'이렇게 해두면 다시 와서 이 집을 틀림없이 찾을 수 있을 거야.'

그는 다른 도둑들이 기다리고 있는 동굴로 돌아갔다.

"제가 시체를 가져간 사람의 집을 알아냈습니다."

"내가 그자를 죽일 방안을 생각해 두었다." 도둑들의 두목이 말했다.

두목은 부하들에게 40개의 커다란 기름 항아리와 20마리의 당나귀를 사오도록 명령했다. 그는 항아리 하나에만 기름을 채웠다.

"자, 부하들아, 각 당나귀마다 항아리를 두 개씩 묶어라. 그리고 빈 항아리에 들어가 숨어 있어라." 그가 말했다.

그리고 그는 기름 장수로 위장한 후 당나귀들을 끌고 마을로 향했다.

p.98~99 그날 저녁, 알리바바는 항아리를 실은 20마리의 당나귀를 끌고 오는 노인을 보았다. 그는 흰 턱수염을 기르고 있었고, 흐늘흐늘한 긴 옷을 입고 있었다.

"자비로우신 분이시여, 저는 기름 장수인데 하룻밤 묵을 곳을 찾고 있습니다. 댁에서 좀 묵을 수 있을까요?"

알리바바는 마음이 넓은 사람이었기에 반갑게 그 노인을 집 안으로 들였다. 그의 하인들도 노인이 항아리를 내려서 헛간에 보관해두는 것을 도왔다. 그리고 나서 알리바바는 그에게 저녁 식사를 대접했다. 기름 장수는 그 보답으로 자신이 이 국땅을 여행하며 겪었던 흥미진진한 이야기를 들려주었다.

저녁 식사를 마친 후, 노인이 일어섰다.

"자기 전에 당나귀를 한번 살펴봐야겠습니다." 노인이 말했다.

"어서 보시고 오세요. 모르지아나가 우리를 위해 커피를 준비하고 있거든요." 알리바바가 말했다.

p.100-101 두목은 헛간으로 갔다. 그는 항아리들을 톡톡 두드리며 속삭였다. "준비 태세를 갖추도록! 모두가 잠들면 내가 와서 항아리를 두드릴 것이다. 그러면 다들 조용히 집으로 들어가 알리바바와 그의 가족을 죽이도록 해라."

그날 늦은 저녁, 모르지아나가 부엌에서 일을 하고 있을 때 기름 램프가 꺼졌다. 그녀는 노인이 헛간에 보관해 둔 기름 항아리를 기억해냈다.

'각 항아리에서 기름을 조금씩 퍼내도 노인은 분명히 눈치채지 못할 거야.'

모르지아나는 부엌에서 단지를 집어 들고 헛간으로 달려갔다. 그런데 항아리 중 하나를 열었을 때 안에서 목소리가 흘러나오자 그녀는 깜짝 놀랐다.

"시간이 됐나요, 대장?" 그 목소리가 물었다.

'이들은 카심을 죽인 도둑들이 분명해.' 모르지아나는 재빠르게 생각했다.

"아니, 아직 아니다!" 그녀는 굵은 목소리로 호통쳤다.

p.102-103 그녀는 모든 항아리를 검사한 후, 한 항아리에만 기름이 가득 차 있다는 것을 알았다. 그녀는 그 기름을 안으로 가져가 화로 위에 커다란 솥을 올려 놓고 끓였다. 그리고 그것을 밖으로 가져가 항아리마다 쏟아 부었다. 39명의 도둑들은 이렇게 최후를 맞고 말았다!

하지만 모르지아나는 아직도 한 명의 도둑이 살아 있다는 것을 알고 있었다. 그녀는 알리바바를 보호해주고 싶었다. 그래서 자신의 방으로 가서 춤출 때 입는 옷으로 갈아 입었다. 호주머니에는 작은 단검을 숨겼다. 그녀는 돌아와서 알리바바와 그의 손님 앞에서 춤을 추었다. 두 남자는 그녀의 춤에 매료되었다. 그때 갑자기 모르지아나는 기름 장수에게 달려들어 단검으로 그의 심장을 깊숙이 찔렀다.

"무슨 짓이냐, 모르지아나?" 알리바바가 소리쳤다.

알리바바의 부인과 형수가 방으로 달려들어왔다. 그들은 피 묻은 단검과 죽은 남자를 보고 비명을 질렀다.

p.104-105 "주인님, 그는 기름 장수가 아니에요!" 모르지아나가 외쳤다.

모르지아나는 기름 장수의 얼굴에서 턱수염을 떼어냈다.

"자, 이제 이 사람을 알아보시겠어요?" 그녀가 물었다.

"그 도둑들의 두목이잖아!" 알리바바가 외쳤다.

모르지아나는 자신이 다른 도둑들을 처리한 일도 그에게 설명했다.

"모르지아나, 어떻게 고맙다는 말을 해야 할지 모르겠구나! 네가 우리 모두의 목숨을 구했어!" 알리바바가 말했다. "너의 용감한 행동은 마땅히 보상 받아야 해!"

그날부터 모르지아나는 노예가 아니었다. 하지만 그녀는 떠나려고 하지 않았다. 그래서 알리바바는 모르지아나가 자신의 가족을 위해 한 일에 대해 대가를 지불하였다.

남은 생애 동안 알리바바는 그 동굴을 여러 번 방문하였다. 하지만 알리바바는 그의 형, 카심처럼 욕심 많은 사람이 아니었다. 그는 가족을 부양하는 데 넉넉할 정도의 금은화만을 가졌다. 그들은 편안하게 살았고 항상 지친 여행객을 도울 준비가 되어 있었다. 그런데 알리바바는 한 가지 중요한 교훈을 얻게 되었다. 여행객들은 오로지 모르지아나가 허락할 경우에만 머물 수 있다는 것이었다!